Rechtschreibung verstehen und üben

lernserver
Individuelle Förderung

W0301382

Fördersequenzen

Der Lehrgang für Jugendliche und junge Erwachsene

4 Dehnung

Dehnungs-h · Doppelvokale · Silben-h

i-Laut

Petra Schönweiss · Christian Kowalski · Friedrich Schönweiss (Hg.), Universität Münster

Impressum

Fördersequenz, Band 4
Dehnung und i-Laut

Herausgeber:
Prof. Dr. Friedrich Schönweiss
Abteilung Neue Technologien im Bildungs- und Sozialwesen/Medienpädagogik
Fachbereich Erziehungswissenschaft und Sozialwissenschaften
Westfälische Wilhelms-Universität Münster
Georgskommende 14
48143 Münster
Tel.: 0251 83 28409
Fax: 0251 83 21206
www.lernserver.de
info@lernserver.de

Verlag:
Lernserver-Institut • Verlag für Bildungsmedien GmbH
Georgskommende 9
48143 Münster
info@lernserver-shop.de

Autorin: Petra Schönweiss unter Mitarbeit von Christian Kowalski, Münster
Lektorat: Holger Koers, Münster
Illustrationen: Petra Schönweiss, Münster
Design und Druckvorbereitung: Marina Forstmann, Spelle

Mit freundlicher Unterstützung der Sparkasse Stadtlohn und der St.-Anna-Realschule, Stadtlohn.

2. Auflage 2014
© 2012 by Friedrich Schönweiss, Münster
Alle Rechte sind vorbehalten.
Das Werk einschließlich aller seiner Teile ist urheberrechtlich geschützt. Jede Nutzung in anderen als den gesetzlich zugelassenen Fällen bedarf der schriftlichen Einwilligung durch Friedrich Schönweiss. Hinweis zu § 52 a UrhG: Weder das Werk noch seine Teile dürfen ohne eine solche Einwilligung eingescannt und in ein Netzwerk gestellt werden. Dies gilt auch für Intranets von Schulen und sonstigen Bildungseinrichtungen.

ISBN 978-3-940876-48-5

Inhaltsverzeichnis Band 4

Dehnung und i-Laut

© Prof. Dr. Friedrich Schönweiss, Uni Münster • www.lernserver.de • Lernserver-Institut – Verlag für Bildungsmedien GmbH

© Prof. Dr. Friedrich Schönweiss, Uni Münster • www.lernserver.de • Lernserver-Institut – Verlag für Bildungsmedien GmbH

lernserver Individuelle Förderung

Sehr geehrte Lehrkräfte und Eltern,
liebe Lernserver-Kooperationspartner,

wir freuen uns, Ihnen mit unseren *„Fördersequenzen"* die zentralen Rechtschreibbereiche der deutschen Orthographie nun auch für *Jugendliche und junge Erwachsene* zur Verfügung stellen zu können. Sie halten damit in kompakter Form einen strukturierten Lehrgang in Händen, der sowohl im regulären Unterricht als auch in der individuellen Förderung oder zuhause eingesetzt werden kann.

Einsatzbereiche und Förderszenarien

In abwechslungsreicher Form werden unterschiedliche methodische Zugänge zum Lernstoff unterstützt, vom Lehrervortrag über die Gruppen- oder Partnerarbeit, bis hin zum selbstständigen Lernen. Mit ihrer Kombination aus *Entdecken, Verstehen und Üben* können die *Fördersequenzen* auf unterschiedliche Weise genutzt werden.

- Für den regulären Unterricht eignen sie sich als **strukturierter Lehrgang**.
- In Verbindung mit der Lernserver-Diagnostik können im Klassenverband die Fehlerschwerpunkte der Schüler ermittelt werden, um daran anknüpfend **einzelne Bereiche gemeinsam** zu erarbeiten oder in Form der **Binnendifferenzierung** zu festigen.
- Im Rahmen von **Förderstunden** lassen sich gezielt kleinere oder größere Lücken schließen.
- **Zuhause** können sie in Ergänzung zum Unterricht oder als eigenständiger Kurs genutzt werden. In manchen Fällen, insbesondere bei jüngeren Schülern, ist die begleitende Unterstützung durch die Eltern empfehlenswert.

Was die ***Förderung* von Schülern mit *größeren Problemen*** angeht, sollte mithilfe der Lernserver-Diagnostik (MRA 7+) ein *individuelles Leistungsprofil* erstellt werden. Zeigt dieses Profil an, dass der Schüler den Grundlegenden Bereich der Rechtschreibung beherrscht und nur innerhalb bestimmter Regelbereiche unsicher ist, können die *Fördersequenzen* entsprechend der ermittelten Fehlerarten eingesetzt werden. Sofern allerdings im Rahmen der Lernserver-Diagnostik für den Grundlegenden Bereich (insbesondere auf der Ebene der Laut-Zeichen-Zuordnung, also z.B. der Fähigkeit, einzelne Laute differenzieren und mit den entsprechenden Schriftzeichen verschriften zu können) massivere Probleme festgestellt werden, empfiehlt es sich, auf die Lernserver-Teststufe 5/6 zurückzugehen und den entsprechend der Testergebnisse zusammengestellten individuellen Förderplan dieser Stufe mit dem Schüler durchzuarbeiten.

Inhalte

Jede Fördersequenz beinhaltet *ein* wichtiges Rechtschreibthema. Insgesamt liegen bis jetzt neun Sequenzen in fünf Bänden vor:

- Umlautableitung
- Auslautableitung
- Betonung
- Dopplung
- S-Laute
- Dehnung
- Der lange i-Laut
- Großschreibung
- Gleichklingende Buchstabengruppen

Aufbau

Alle *Fördersequenzen* sind mit kleinen Abweichungen nach folgendem Muster aufgebaut:

- Einführung des Themas (Problemerkennung)
- Erklärung der orthographischen Gesetzmäßigkeit
- Übungen (Lückenwörter, Lückentexte, Diktate, Rätsel usw.)
- Kennenlernen der Ausnahmen (Merkwörter)
- Vertiefende Übungen und Wiederholungen
- Informeller Abschlusstest

© Prof. Dr. Friedrich Schönweiss, Uni Münster • www.lernserver.de • Lernserver-Institut – Verlag für Bildungsmedien GmbH

Zu jeder Übung gehört ein Lösungsblatt, das zudem auch häufig „Hinweise für den Lehrenden" beinhaltet, in denen Erklärungen zur Didaktik, Wissenswertes zum jeweiligen Thema oder auch Tipps für vertiefende Aufgaben angeboten werden.

Methodik

Wie in der gesamten Lernserver-Förderung zielt auch die Methodik der *Fördersequenzen* darauf ab, den Schüler zum Erkunden und Durchschauen der orthographischen Gesetzmäßigkeiten anzuregen. Ihm soll mit der Aneignung von Regelwissen eine verlässliche Alternative zum reinen Einprägen des Wortbilds geboten werden, so dass er bei unbekannten oder mangelhaft gespeicherten Wörtern die Möglichkeit hat, sich die Schreibung mittels geeigneter Strategien *selbst* herzuleiten.
Zudem erhält der Schüler die Chance, Ordnung und Struktur in die schier unüberschaubare Vielfalt von Schreibungen zu bringen, die ihn vielleicht schon in den vergangenen Jahren an der Rechtschreibung und vor allem an sich selbst zweifeln ließ.
Mithilfe der vorliegenden Übungen aber kann ihm nachvollziehbar gemacht werden, dass der Kern der Orthographie logisch und damit auch erlernbar ist, und dass nur die „äußeren" Bereiche sich den Regeln entziehen (und deshalb als Merkwörter gelernt werden müssen). Er erfährt, dass er durchaus dazu fähig ist, über die einzelnen orthographischen Phänomene zu reflektieren; er erkennt Regelmäßigkeiten und Zusammenhänge, er lernt Analogien zu bilden und Transferleistungen zu erbringen. Dies alles schafft Sicherheit, Erfolgserlebnisse und damit auch die nötige Motivation, sich mit dem Kapitel Rechtschreibung überhaupt noch befassen zu wollen.

Um eventuellen Missverständnissen vorzubeugen: Die kognitive Herangehensweise an die Rechtschreibung, bei der durch Regelwissen die korrekte Schreibung eines Wortes herausgefunden wird, enthebt den Schüler keinesfalls von der Notwendigkeit, häufig und viel zu lesen und zu schreiben. Nur in der regelmäßigen Anwendung und mit Üben und Automatisieren des Gelernten erreicht er das Ziel, die Regeln nicht mehr bewusst anwenden zu müssen, sondern nur noch als letzte Sicherheit für besonders schwierige Wörter in der Hinterhand zu haben. Mangelnde Automatisierung ist oft der Grund dafür, dass das erworbene Wissen in Diktaten oder Aufsätzen nicht in gewünschtem Maße eingesetzt werden kann und deshalb auch nicht zu einer Notenverbesserung führt. Der große Unterschied zum stumpfen Einprägen des Wortbildes ist aber der, dass der Schüler mit seinem Regelwissen dazu in die Lage versetzt wird, seine Fehler *selbst* zu erkennen, einzuordnen und zu verbessern. Er kennt nun die *Gründe*, warum ein Wort so und nicht anders geschrieben wird, und ist damit nicht mehr nur auf Treu und Glauben und auf ein gutes Wortbildgedächtnis angewiesen.
In aller Konsequenz muss es dem Schüler jedoch trotz allem gelingen, einen ausreichend großen Wortschatz in seinem lexikalischen Gedächtnis zu speichern, damit er die Schriftsprache auch hinsichtlich der erforderlichen Schnelligkeit angemessen anwenden kann.

Voraussetzungen

Das Schreiben *lauttreuer* Wörter sollte beherrscht werden. Diese Fähigkeit ist mithilfe der Lernserver-Diagnostik einfach und schnell ermittelbar: Hat ein Schüler im Test noch viele Fehler gemacht, die im Leistungsprofil dem *Grundlegenden Bereich* zugeordnet wurden, muss zunächst ausreichende Sicherheit innerhalb des lautanalytischen Rahmens erlangt werden, bevor der Schüler mit den „Regeln" konfrontiert wird. Dies gilt für *alle Lerner*, auch wenn dies oft zunächst weder von den älteren Schülern selbst noch von den Lehrern oder Eltern als notwendig oder sinnvoll erachtet wird. Der Vergleich mit der Mathematik mag zum besseren Verständnis dienen: Es käme keinem Pädagogen in den Sinn, einem Kind das Bruchrechnen beibringen zu wollen, ohne dass es vorher genügend Erfahrung mit Zählen, Addieren, Subtrahieren, Multiplizieren und Dividieren sammeln konnte. Sehr ähnlich ist es aber mit dem Schreiben:
Die Beherrschung des lauttreuen Bereichs ist das *Fundament* des Schriftsprachgebäudes, auf dem die weiteren Stockwerke aufgebaut werden können. Wenn aber schon das Fundament wackelt, ist es schwierig bis unmöglich, darauf ein sicheres Haus mit mehreren Stockwerken aufzubauen. Dies wird umso deutlicher, wenn man sich bewusst macht, welch elementare Themen der *Grundlegende Bereich* eigentlich umfasst. Es geht dabei beispielsweise um die Umsetzung von Lauten in Buchstaben, um die akustische Identifikation von Lauten und die optische Identifikation von Zeichen, um die akustische und optische Differenzierung ähnlicher Laute, um die vollständige Durchgliederung eines Wortes, ohne dass Buchstaben und Silben ausgelassen oder hinzuzugefügt oder in falscher Reihenfolge niedergeschrieben werden, oder um die Schreibung von selteneren Zeichen wie qu. (Für diese elementaren Schritte im Schriftspracherwerb stehen zurzeit Lernserver-Fördermaterialien bis Klasse 6 zur Verfügung.)

© Prof. Dr. Friedrich Schönweiss, Uni Münster • www.lernserver.de • Lernserver-Institut – Verlag für Bildungsmedien GmbH
Lernserver
Individuelle Förderung

Erst wenn ein Schüler alle oben genannten Fertigkeiten bereits in ausreichendem Maße erwerben konnte, ist die Arbeit mit Regeln, beispielsweise zur Dopplung oder Dehnung, die vom Lerner durchaus anspruchsvolle Wahrnehmungsfähigkeiten und Handlungen verlangen, sinnvoll und erfolgversprechend.
Es muss also erst die *Basis* geschaffen werden. Dazu gehört auch, dass der Schüler zumindest langsam, aber korrekt lesen kann.
Des Weiteren muss er Vokale (a, e, i, o, u), Konsonanten (alle anderen Laute) und Diphthonge (au, ei, eu, äu, ai) benennen und unterscheiden können.
Außerdem ist die Fähigkeit erforderlich, in einem Wort den *betonten Vokal* aufzuspüren und seine Klangqualität herauszufinden, da darauf die wichtigsten orthographischen Regeln aufbauen. Der *Betonung* ist deshalb eine eigene Fördersequenz gewidmet. Sie muss auf alle Fälle *vor* den Themen „Dopplung", „S-Laute" und „Dehnung" bearbeitet werden.

Handhabung der Materialien

Zu Themen, bei denen es uns erforderlich schien, gibt es zu Beginn der Sequenz ein Blatt mit *einführendem Hintergrundwissen* für die Lehrkraft (bzw. die betreuende Person). Auch wird an dieser Stelle das inhaltliche „Warum" und „Wie" der Übungen aufgezeigt, damit sich der Lehrende einen Wissensvorsprung aneignen kann, um für eventuell auftauchende Fragen des Schülers gewappnet zu sein.
An dieser Stelle möchten wir aber gerne darauf hinweisen, dass es keine Schande ist, wenn man auch als Lehrkraft nicht auf alle Fragen eine Antwort parat hat. Vor allem bei der Großschreibung gibt es genügend Spitzfindigkeiten, die ein **Nachschlagen im Wörterbuch** notwendig machen können. Oftmals entlastet es sogar das Verhältnis Lehrer-Schüler, wenn sich der Lehrer nicht als perfekter Alleskönner präsentiert, sondern als menschliches Wesen, in dessen Natur es liegt, eben *nicht* alles zu wissen und auch Fehler zu machen. Nobody is perfect. Wichtig ist allerdings, dass man zumindest weiß oder lernt, wo und wie man sich schlaumachen kann. Das Nachschlagen und Überprüfen eines schwierigen Falls kann dann durchaus zusammen mit den Schülern erfolgen. Auf diese Weise lernen alle etwas dazu.

Jede Regel wird, sofern es sinnvoll und möglich ist, über eine **Problemstellung** eingeführt. Mithilfe von gezielten Fragen soll der Schüler vorzugsweise *selbst* auf die Lösung des Problems kommen und sich den Regel-Merksatz erarbeiten. Hier ist es für den weiteren Verlauf des Lernens wichtig, dass die betreuende Person prüft, ob der Schüler das Grundlegende der Themeneinführung verstanden hat und weiß, worum es bei der jeweiligen Fördersequenz gehen wird.

Die weiteren Arbeitsblätter sind zum **selbstständigen oder aber auch zum gemeinsamen Anwenden** und Vertiefen des Rechtschreibprinzips gedacht. Ob ein Schüler in weiten Teilen allein üben und daraus auch den größtmöglichen Nutzen ziehen kann, muss dem Gespür der betreuenden Person überlassen bleiben. Natürlich ist bei älteren Schülern ein selbstständiges Arbeiten anzustreben, allerdings muss stets darauf geachtet werden, ob die Arbeitsanweisung verstanden wurde und ob das, was bereits als gefestigt vorausgesetzt ist, wirklich im Einzelfall unterstellt werden kann. Erfahrungsgemäß hilft es Schülern mit größeren Problemen wenig bis nichts, wenn sie auch im Förderunterricht auf sich allein gestellt sind und keiner nachprüft, welche individuellen Fortschritte sie machen oder an welcher Stelle man ihnen gezielt unter die Arme greifen müsste.
Manche Übungen gibt es in **drei verschiedenen Schwierigkeitsstufen**. Sie sind gekennzeichnet durch die ausgefüllten Rauten in den oberen Ecken der Übungsseiten und unterscheiden sich meist in der Aufgabenlänge und der Anzahl der Übungswörter.

Bitte beachten Sie auch, dass die *Fördersequenzen* als ***Grundgerüst*** zu verstehen sind, das die notwendigen Bestandteile eines in unserem Sinne idealtypischen Curriculums durchläuft, das aber von Ihnen beliebig erweitert oder verkürzt werden kann, je nachdem, wie rasch ein Schüler einen Bereich beherrscht. Der eine versteht es schneller, der andere braucht etwas länger – die Menschen sind einfach unterschiedlich. Es sollte aber jeder die Möglichkeit erhalten, eine in unserer Gesellschaft derart wichtige Kulturtechnik wie das Schreiben so zu erlernen, dass er im alltäglichen Leben gut zurechtkommt und den von ihm angestrebten Beruf gemäß seiner sonstigen Begabungen ergreifen kann. In vielen Fällen bedeutet das, dass den Lernenden mehr Zeit eingeräumt werden muss – eigentlich eine Selbstverständlichkeit, die zu einer „individuellen" Förderung dazugehört.
Wenn Sie also zusätzliche Übungen anbieten müssen, kann das in Form von Wortdiktaten geschehen oder durch die Wiederholung von Übungseinheiten mit anderem Wortmaterial. Sie können natürlich auch die in der Sequenz vorkommenden Wortbeispiele in andere Übungsformen kleiden. Oftmals werden in den

© Prof. Dr. Friedrich Schönweiss, Uni Münster • www.lernserver.de • Lernserver-Institut – Verlag für Bildungsmedien GmbH

Sequenzen Spiele oder Wettbewerbe beschrieben, die so lange wiederholt werden können, bis ein Thema wirklich sitzt.

Sinnvoll ist es auf alle Fälle, nach dem Abschlusstest am Ende jeder Sequenz **freie Texte** oder **Aufsätze** verfassen zu lassen, um überprüfen zu können, ob das Gelernte auch in komplexeren Schreibsituationen sicher angewendet werden kann.

Ganz allgemein gilt: Lieber weniger an einem Tag üben, dafür aber mit Sinn und Verstand! Bitte gehen Sie dergestalt auf den Schüler ein, dass er die Arbeitsblätter nicht möglichst schnell „abhakt", sondern dass er ein Thema mit der **höchstmöglichen Aufmerksamkeit** angeht und somit auch eine größere Chance hat, es kognitiv und nachhaltig zu durchdringen. Honorieren Sie schon die Bemühungen, sich ernsthaft mit einem Sachverhalt auseinanderzusetzen, auch wenn die Aufgabe nicht fehlerfrei gelingt.
Bewährt hat es sich, die Schüler dazu anzuhalten, die erarbeiteten Blätter in einem Ordner abzuheften und als Dokumentation ihres Lernfortschritts wertzuschätzen.

Übungsformen

Wir haben uns bemüht, auch für die älteren Schüler abwechslungsreiche Übungsformen anzubieten (Lückentexte, Rätsel, Partnerarbeit, Quiz, Diktate usw.). Die Form sollte aber dabei nicht gegen den Inhalt ausgespielt werden, d.h. dass es für manche Themen nicht viele sinnvolle Übungsgestaltungen gibt.

Lückenwörter und **Lückentexte** stellen deshalb den Hauptanteil dar. Sie sind für den Einstieg in ein Thema eine sinnvolle Arbeitsform, weil der Schüler seine Aufmerksamkeit nur auf ein bestimmtes Phänomen fokussieren muss, z.B. auf die Entscheidung „äu oder eu". Es wird ihm also erspart, noch zusätzlich darauf zu achten, ob etwa ein gedoppelter Konsonant oder eher ein Dehnungszeichen richtig wäre. Schüler mit größeren Problemen können dies als sehr entlastend empfinden.
Praktisch sind Lücken auch deswegen, weil sie ein selbstständiges Arbeiten gewährleisten: Es kann ganz gezielt ein bestimmtes Rechtschreibphänomen abgefragt werden, ohne dass eine weitere Person anwesend sein und diktieren müsste. Vor allem in einer Fördergruppe, in der die Lehrkraft oft Schüler auf unterschiedlichem Niveau zu betreuen hat, ist das laute Diktieren nicht immer zweckmäßig.
Wenn Sie es für sinnvoll erachten, können Sie die Lückenwörter aber am Ende der Übung natürlich zusätzlich ins Heft schreiben lassen.

Die Übung „**Wortverwandte suchen**" ist sehr häufig vertreten. Erstens werden dadurch die Zusammenhänge zwischen den Wörtern einer Familie sichtbar, was viele Aha-Erlebnisse auslöst und die Schreibung erleichtert (fahren-Gefährt-Fuhre; Bauch-bäuchlings). Und zweitens wird der Sprachschatz auf eine nicht zu unterschätzende Weise erweitert – angesichts der zahlreichen Kürzel und des recht eigenwilligen Sprachcodes, der den mündlichen wie schriftlichen Umgang von Jugendlichen häufig bestimmt, eine nicht nur für Schüler mit anderer Muttersprache dringend gebotene Aufgabe.

Die Form des **Rätsels** dient der Auflockerung und ermöglicht ebenfalls das Schreiben eines ganzen Wortes, ohne dass diktiert werden müsste. Vorausgesetzt natürlich, das Rätsel selbst wird gelöst. Manche Schüler jedoch werden durch die Verdopplung der Aufgabenstellung überfordert – entweder bleibt die richtige Lösung des Rätsels auf der Strecke oder die angestrebte „Recht"schreibung. Aus diesen Gründen hält sich diese Übungsform in Grenzen.

Schreib- oder sonstige **Spiele** kommen vor, allerdings nicht allzu häufig, da die vorliegenden Sequenzen für ältere Schüler gedacht sind, die sich von dieser Übungsform oft nicht mehr angesprochen fühlen.

Diktate sind letztlich unerlässlich, sollten aber nicht als Bewertungsinstrument im selektiven Sinn genutzt werden, sondern als Möglichkeit, das Gelernte in verschiedenen Schwierigkeitsstufen *informell* zu testen.

Umgang mit Fehlern

Fehler sind nicht einfach nur „falsch", sondern in jedem von ihnen steckt eine Denkleistung – auch wenn das Ergebnis nicht der Norm entspricht. Wer inkorrekte Schreibungen „lesen" kann, dem erzählen sie, wo der Denkfehler des Schreibers steckt, welche Strategie er verkehrt angewandt hat oder welche Wissenslücke noch nicht geschlossen werden konnte.

© Prof. Dr. Friedrich Schönweiss, Uni Münster • www.lernserver.de • Lernserver-Institut – Verlag für Bildungsmedien GmbH
lernserver Individuelle Förderung

Was nützt es also, Fehler nur rot anzustreichen, zu zählen und daraus eine Note zu basteln, wo doch genau hier eine so offensichtliche Möglichkeit schlummert, dem Schreiber sinnvoll zu helfen? Wäre es nicht besser, die Fehler als Anstoß dafür zu nehmen, den Sachverhalt, um den es dabei geht, noch einmal intensiv zu besprechen? Fragen wie: „Warum ist es nicht ganz richtig, was du hier geschrieben hast? Mit welcher Schwierigkeit haben wir es bei diesem Wort zu tun? Welche Regel kann helfen? Handelt es sich um ein Wort, das mit der Regel erklärt werden kann, oder um ein Merkwort?" bringen den Schüler dazu, über seine Schreibung nachzudenken, die Regel zu memorieren und sich in vielen Fällen selbst zu korrigieren. Genau das schafft aber den Ansporn, sich mit einem Thema zu beschäftigen und sich nicht lieber der ganzen Anstrengung zu entziehen, weil im Heft mal wieder alles rot ist und die schlechte Note als abstrakte Quintessenz der vorangegangenen Bemühungen anklagend im Raum steht.
Damit ein Schüler also wirklich aus seinen Fehlern lernen kann, muss der Lehrende sie inhaltlich ernst nehmen und als Ausgangspunkt für ein sachliches Gespräch nehmen. Auf diese Weise wird ein Fehler selbst in der Gruppe nicht als Peinlichkeit, Makel oder Stigma empfunden, sondern kann als der geltenden Norm nicht angemessene „Regelvariante" leidenschaftslos betrachtet und von der ganzen Runde nach bestem Wissen analysiert werden.

Der Anspruch des Lehrenden

Vor allem bei der Arbeit mit Schülern, die große Schwierigkeiten in der Rechtschreibung haben, ist es wichtig, dass man den eigenen Anspruch auf Perfektion etwas herunterschraubt. Es sollte nicht darum gehen, dass ein Schüler nach dem Bearbeiten der Materialien völlig fehlerfrei schreibt, sondern das Ziel sollte zunächst sein, dass er seine Fehler durch die gedankliche Auseinandersetzung mit einem Thema selbst erkennen und verbessern kann.
Einige Themen, wie z.B. Großschreibung, Dopplung und Dehnung, halten insbesondere für Schüler der höheren Klassen eine Menge Stolperfallen bereit. Selbst geübte Erwachsene können bei manchen Wörtern ins Straucheln kommen, so dass die Messlatte für die Lerner nicht allzu hoch hängen sollte. Seien Sie bitte in diesen Fällen nachsichtig, aber nicht nachlässig. ☺ Schließlich gibt es auch noch das Wörterbuch (Wörterbucharbeit muss im Unterricht geübt werden!), und es ist durchaus legitim, es zu benutzen, wenn man wirklich nicht weiterweiß.

Ähnlichkeitshemmung

Die *Fördersequenzen* sind zum großen Teil so aufgebaut, dass ein Prinzip erklärt und hinreichend geübt wird, bevor andere ähnliche Prinzipien dazukommen. Ziel einer Gegenüberstellung von Kontrasten ist hier die *Reflexion* über eine Schreibweise, also das *Provozieren kognitiver Entscheidungen*, z.B. „Ich schreibe ‚bäuchlings' mit ‚äu', weil es von ‚Bauch' mit ‚au' abgeleitet ist. Ich schreibe aber ‚Keule' mit ‚eu', weil es *keinen* Wortverwandten mit ‚au' gibt."
In den Fällen, bei denen die Schreibung begründet werden kann, ist die Sorge hinsichtlich der Ähnlichkeitshemmung nicht berechtigt.
Anders wäre es natürlich, wenn es nur um das Einprägen und Erinnern von Wortbildern geht. Hier sind Kontrastpaare, die zum Auswendiglernen angeboten werden, nicht sinnvoll: „Merke ‚Stahl', aber ‚Wal'. Merke ‚lieber', aber ‚Biber'." Derartige Gegenüberstellungen sind in den gesamten Lernserver-Materialien nirgendwo zu finden.

Das Lesen des Leistungsprofils und Tipps für die anschließende Förderung

Wenn Sie die Lernserver-Diagnostik zu Hilfe genommen und nun das Leistungsprofil eines Schülers vor sich haben, dann beachten Sie bitte Folgendes:

- Finden sich noch viele Fehler im *Grundlegenden Bereich*, müssen erst die basalen Kenntnisse vermittelt werden, bevor mit den *Fördersequenzen* begonnen wird.
- Sind lediglich dem *Regelbereich* Falschschreibungen zugeordnet, können Sie aus den Überschriften der einzelnen Kategorien ersehen, welche Sequenzen für die Förderung in Betracht kommen.
- Bei nur *einem* Fehler in einer Kategorie, kann von einer Förderung in diesem Bereich abgesehen werden. Es sei denn, Sie merken im Laufe der Zeit, dass hier doch noch weitere Schwierigkeiten auftauchen.
- Bei *mehreren* Fehlern in einer Kategorie, z.B. bei der Großschreibung, nehmen Sie die dazugehörige Fördersequenz, lesen die Einführung und blättern die Übungen durch, damit Sie sich einen Überblick über das angebotene Material verschaffen können. Gerade bei der Großschreibung kommt es darauf

© Prof. Dr. Friedrich Schönweiss, Uni Münster • www.lernserver.de • Lernserver-Institut – Verlag für Bildungsmedien GmbH

an, *welche* Fehler dem Schüler unterlaufen sind: Wenn es sich um Falschschreibungen bei gängigen Wörtern handelt, schadet es nichts, die Übungen von Anfang an durchzunehmen, da sie aufeinander aufbauen und ihr Schwierigkeitsniveau sich kontinuierlich steigert. Handelt es sich um Falschschreibungen bei Sonderfällen wie *mehrteiligen Eigennamen, geographischen Ableitungen auf -isch* oder *Zeitangaben*, kann schon das entsprechende Kapitel ausreichen, um Klarheit zu schaffen.

- Zwingend erforderlich ist bei Fehlern in den Bereichen *Dopplung*, *s-Laute*, *i-Laut* und *Dehnung*, dass als Erstes die Sequenz *Betonung* durchgearbeitet wird. Der Grund: Die Lernserver-Methodik fußt in großen Teilen auf der Klangqualität des betonten Vokals. Erhielte der Schüler nicht die Gelegenheit, das Betonungsprinzip kennenzulernen und damit zu üben, würde das ein erfolgreiches Bearbeiten der oben genannten Sequenzen unnötig erschweren bis unmöglich machen.

Überlegungen zur Reihenfolge der Sequenzen

Bei der *Reihenfolge* der zu behandelnden Themen empfehlen wir immer (vorausgesetzt, es wurden dort auch Fehler gemacht), mit der

- *Umlautableitung* zu beginnen. Dieses Kapitel ist relativ überschaubar, leicht zu begreifen und nicht allzu umfangreich. Gute Voraussetzungen dafür, erste, schnelle Erfolge zu erleben und die eventuell verlorengegangene Motivation wiederzuerlangen. Danach könnte mit der
- *Auslautableitung* fortgefahren werden, weil sie einem ähnlichen Prinzip unterworfen ist wie die Umlautableitung. Anschließend würden wir die
- *Betonung* vorschlagen, da sie die Voraussetzung für die weiteren Kapitel darstellt:
- *Dopplung*
- *s-Laute*
- *i-Laut*
- *Dehnung*, wobei die Dehnung eines der schwierigsten Kapitel der deutschen Orthographie ist! Es wäre also zu überlegen, ob bei mittleren bis großen Problemen in der
- *Großschreibung* dieses Kapitel nicht vorgezogen werden sollte. Bei der Großschreibung handelt es sich ja in weiten Teilen um Grammatik, so dass das Thema hinsichtlich der Methodik für etwas Abwechslung im Übungsalltag sorgen könnte. Entscheiden Sie für jeden Schüler individuell, wie weit Sie hier bei den Sonderfällen gehen wollen. Die Grundregel zur Großschreibung ist relativ einfach zu durchschauen und anzuwenden, bei den Sonderfällen wird es knifflig... Zum Schluss könnten die
- *Gleichklingenden Buchstaben* durchgenommen werden. Lesen Sie im Leistungsprofil nach, in welchem der beiden Teilbereiche Fehler vorkamen (v-f oder x-Laut oder beides) und bieten Sie die entsprechenden Übungen an.

Es versteht sich, dass die empfohlene Reihenfolge nur dann gilt, wenn auch in den aufgeführten Bereichen Fehler passiert sind. „Leere“ Kategorien im Leistungsprofil müssen nicht geübt werden, es sei denn, Ihnen fällt im Laufe des Arbeitens mit dem Schüler auf, dass er doch bei dem einen oder anderen Rechtschreibprinzip Unsicherheiten zeigt.
Ebenso ist es selbstverständlich, dass Sie die Reihenfolge variieren können, wenn es Ihnen bei einem Schüler sinnvoll erscheint oder es einen anderen Grund gibt, ein bestimmtes Thema vorzuziehen. Absolut notwendig ist aber, wie schon mehrfach erwähnt, das *Vorschalten der Betonungssequenz*, wenn Sie Dopplung, s-Laute, Dehnung und i-Laut durchnehmen möchten.

Und nun wünschen wir Ihnen, Ihren Schülern und Kindern viel Freude und Erfolg!

Petra Schönweiss, Friedrich Schönweiss
und das Lernserver-Team

© Prof. Dr. Friedrich Schönweiss, Uni Münster • www.lernserver.de • Lernserver-Institut – Verlag für Bildungsmedien GmbH
lernserver Individuelle Förderung

Übungen zum Dehnungs-h

Name:

Grundlegendes zur Dehnung

Einführung: Grundlegendes zur Dehnung

Das Thema „Dehnung“ ist für viele Schüler auch in den höheren Klassen noch ein Problem. Das liegt zum einen daran, dass sie nicht wissen, wann, warum und wo eine Dehnungsmarkierung überhaupt möglich ist, und zum anderen daran, dass es viele verschiedene Dehnungszeichen gibt:

1. Das Wort endet mit einem einfachen Vokal (du, so, wo, ja, zu, da),
2. nur ***ein*** Konsonant folgt dem betonten Vokal (Wa**g**en, Bi**b**er),
3. das Dehnungs-h (Bo**h**ne),
4. die Doppelvokale aa, ee, oo (H**aa**r, F**ee**, M**oo**r),
5. ie beim langen i-Laut (W**ie**se),
6. ih bei Fürwörtern, die mit „i“ beginnen (**ih**n),
7. ieh bei „Vieh“ und gebeugten Verben (er bef**ieh**lt),
8. langes i bei Fremd- und Lehnwörtern (B**i**ber, K**i**lo).

Sämtliche „Längezeichen“ sind *nicht* hörbar. Sie signalisieren lediglich Länge und Klangqualität des voranstehenden Vokals. Mit anderen Worten: Das Einzige, was man durch die akustische Lautanalyse erkennen kann (und muss), ist der *betonte* Vokal und seine Quantität bzw. Qualität. Daraus lässt sich die korrekte Schreibung ableiten.

Da nun die Fülle an Dehnungszeichen es vielen Schülern schwer macht, allein durch das Einprägen von Wortbildern eine ausreichende Sicherheit in diesem Bereich zu erlangen, wollen wir eine *zusätzliche* Orientierung über das Prinzip des betonten Vokals anbieten. Es ist nämlich durchaus eine *Systematik* in der Dehnungsschreibung erkennbar, die man den Lernern nicht vorenthalten sollte. Mithilfe dieses regelhaften Rahmens erhalten sie einen Einblick in die Zusammenhänge von Schriftsprache, der es ihnen ermöglicht, sich auch unbekannte, selten verwendete oder wieder vergessene Wörter selbst zu erschließen.

Als *Grundgerüst*, das für die Dehnungsschreibung schon einiges an Sicherheit bietet, gilt:

a) Besondere Dehnungszeichen wie h, Doppelvokale usw. können nur nach **langen betonten Vokalen** vorkommen,
b) und nur dann, wenn nach dem langen Vokal nur *ein* Konsonant zu hören ist (vgl. **E̲**hre, aber **E̲**rde).
c) In Vor- und Nachsilben wird *nie* ein Dehnungszeichen geschrieben.
d) Nach Zwielauten (Diphthongen) kann *kein* Dehnungszeichen stehen. (Vorsicht: „Weihnachten“ hat kein Dehnungs-h, sondern das Wort ist ein Verwandter von „weihen“ mit *Silben*-h.)
e) In einem Wort kann nur *einmal* eine Dehnung vorkommen (und nur Dehnung *oder* Dopplung).
f) Die Tatsache, dass ein Dehnungszeichen nie nach Konsonanten, nach kurzen betonten Vokalen oder nach unbetonten Vokalen stehen kann, ergibt sich automatisch aus Punkt a). Allerdings können Sie natürlich trotzdem vorsichtshalber explizit danach fragen, um sämtliche Unsicherheiten oder Zweifel auszuschalten.
g) Das Dehnungs-h kommt nie in Fremdwörtern vor.

Die Ausnahmen

Leider gibt es einige Ausnahmen zu merken, vor allem beim Dehnungs-h. Es ist zweckmäßig, die Schüler bereits bei Einführung der Grundregel darauf hinzuweisen, dass diese für viele, aber eben nicht für alle Wörter gilt. Die Merkwörter müssen zu diesem Zeitpunkt noch nicht genannt werden, aber das Wissen um die Existenz derselben verhindert Enttäuschung und Frustration, wenn im Laufe der Übungen versehentlich ein Wort auftaucht, das der Regel nicht entspricht.

Voraussetzungen

Vorsichtshalber sei auch hier noch einmal erwähnt, dass der Schüler auf alle Fälle lauttreu (phonologisch orientiert) schreiben können muss, bevor mit dem komplizierten Dehnungsbereich begonnen wird.
Absolut notwendig ist auch, dass die Themen „Betonung“ und „Länge und Kürze“ bereits in den entsprechenden Sequenzen ausführlich geübt wurden, denn auf diese Wahrnehmungsleistung baut die Anwendung sämtlicher Regeln zur Dehnung auf.

Zudem ist anzuraten, leichtere Regelthemen vorzuschalten (Umlautableitung, Auslautableitung usw.), um im Vorfeld einige motivierende Erfolgserlebnisse möglich zu machen.

© Prof. Dr. Friedrich Schönweiss, Uni Münster • www.lernserver.de • Lernserver-Institut – Verlag für Bildungsmedien GmbH

Name:

Problemerkennung und Lösung: Unhörbares Dehnungs-h

Die Wörter in den Listen haben einige gemeinsame Merkmale.
Diese Merkmale können dir helfen, eine Rechtschreibhilfe zu finden.

ahnen	Hahn	kahl
dehnen	Stuhl	sehr
fahren	Jahr	mehlig
fehlen	Lehm	wahr
führen	Lehrer	wohl
gähnen	Kuhle	zehn
nehmen	Kohle	lahm
wählen	Ohr	kühn
wohnen	Ruhm	ihnen
wühlen	Sohn	zahm
zähmen	Uhr	fahl
sehnen	Zahl	mehr

Entdecke die gemeinsamen Merkmale:

1. Alle Wörter enthalten einen *unhörbaren* Buchstaben. Welchen? ☐
2. Markiere den betonten Vokal mit ^, z.B. âhnen.
3. Prüfe, ob dieser Vokal kurz oder lang gesprochen wird.
   Ergebnis: Der betonte Vokal in den Wörtern wird immer ____________ gesprochen.
4. Markiere den Konsonanten farbig, der hinter dem *unhörbaren* Buchstaben steht, z.B. âhnen.
   Was fällt dir auf? – Auf den „unhörbaren Buchstaben" folgt entweder ein __, __, __ oder __.

Ergänze nun den Merksatz, der dir bei der Rechtschreibung helfen kann:

Das unhörbare Dehnungs-__ ist ein zusätzliches Dehnungszeichen, das dem Leser zeigt, dass er den betonten Vokal davor ***lang*** sprechen muss.
Ein Dehnungs-h steht nur nach einem ______________ ______________ Vokal, wenn danach ein __, __, __ oder __ folgt.

© Prof. Dr. Friedrich Schönweiss, Uni Münster • www.lernserver.de • Lernserver-Institut – Verlag für Bildungsmedien GmbH
lernserver Individuelle Förderung

Name:

Vertiefen der erworbenen Kenntnisse (Seite 1)

Aufgabe 1: Arbeitet zu zweit und lest euch den Text durch.

Friedhofsmenschen

Kannst du dir vorstellen, auf einem Friedhof zu wohnen? Tag und Nacht dort zu leben? Ohne Strom und ohne fließendes Wasser?

Für Jin-Jin ist dies traurige Wirklichkeit. Jin-Jin ist fünfzehn. Seit mehreren Jahren ist ein Friedhof in Cebu auf den Philippinen ihr Zuhause und das ihrer Eltern und Geschwister. Viele Familien leben dort, 750 an der Zahl. Sie spielen hier, nehmen ihre Mahlzeiten ein, schlafen auf und in den Gräbern, die man zum Teil begehen kann. Die Grabplatten dort sind wenigstens trocken; die engen Grabkammern bieten Schutz vor Wind und in den kühlen Nächten.

Jin-Jins Eltern verdienen ein wenig Geld, indem sie Blumen und Kerzen am Eingang des Friedhofs verkaufen. Das reicht kaum, um die Familie zu ernähren, höchstens für etwas Reis oder Mehl und ein paar Bohnen aus der Dose. Aber besser, als im Müll wühlen zu müssen.

Jin-Jin hat keine Angst vor den Toten. „Sie sind keine Gefahr, denn sie können mir nichts mehr tun“, sagt sie. Ich fürchte mich aber wohl vor manchen Lebenden, vor den Verbrechern und den Dieben, die uns etwas stehlen wollen.“

Auch einige Zuhälter haben sich schon in der Nähe des Friedhofs herumgetrieben. Sie ahnen, dass manche Mädchen eine leichte Beute für sie wären.

Die Lage von Jin-Jin und ähnliche Schicksale haben Pater Max Abalos sehr berührt. Der Missionar hat eine kleine christliche Gemeinschaft aufgebaut, um den „Friedhofsmenschen“ zu helfen. Um Ruhm und Ehre geht es ihm nicht, und inzwischen fehlt es auch nicht an Fortschritten. Da ist zum Beispiel Junalyn. Sie wurde auf dem Friedhof geboren und hat viele Jahre in einem Grabmausoleum gewohnt. Jetzt trägt sie eine Schuluniform und hat ein neues Zuhause. Stolz zeigt sie es Gregor von Fürstenberg, dem Vizepräsidenten von „Missio“. Mit den Spenden dieser kirchlichen Hilfsorganisation konnte in einer Ecke des Friedhofs ein Haus gebaut werden. Ein Haus? Nun ja, ein Bretterverschlag von ungefähr vier Quadratmetern ist es, zu dem Junalyn den Herrn führt. Die Ritzen sind mit Lehm verschmiert. Tisch und Stuhl gibt es nicht und das Badezimmer ist nicht mehr als ein Plastikeimer. Aber Junalyn und ihre Eltern und vier Geschwister fühlen: Sie haben ihre Würde zurückgewonnen.

Junalyn ist ihre Schulausbildung besonders wichtig. Sie möchte gern Lehrerin werden. Wenn sie Hunger hat, fällt ihr das Lernen schwer. Und manchmal muss sie ihren Eltern helfen, die Geschwister betreuen oder arbeiten. Aber eine gute Bildung ist ihre große Zukunftschance. Und Pater Max hilft Junalyn, sie möglichst gut zu nutzen. Die Gespräche mit dem Seelsorger haben dazu geführt, dass auch andere „Friedhofsmenschen“ ihr Schicksal in die eigene Hand genommen haben. Da ist zum Beispiel der kleine Gemüsegarten zwischen den Holzhütten. Obwohl viele „Friedhofsmenschen“ Hunger haben, klauen sie ihren Nachbarn die Gurken und das Obst nicht. Familie Fuentes hält sogar ein paar Hühner und einen Hahn.

Jetzt plant Pater Max Steinhäuser zu bauen. Seine Energie scheint nie zu erlahmen. Er verhandelt über ein Grundstück für 60 arme Familien. Spenden aus Deutschland werden helfen und so manche Sehnsucht erfüllen.

© Prof. Dr. Friedrich Schönweiss, Uni Münster • www.lernserver.de • Lernserver-Institut – Verlag für Bildungsmedien GmbH

Name:

Vertiefen der erworbenen Kenntnisse (Seite 2)

Aufgabe 2: Im Text sind 32 Wörter unterstrichen.

- Diktiert euch abwechselnd 16 Wörter und tragt sie in die Tabelle ein.
- Prüft, ob ihr richtig geschrieben habt.

-hl	-hm	-hn	-hr

Aufgabe 3: Die folgenden Wörter haben im Text je einen Verwandten.

- Schreibt sie als Wortpaare in euer Heft.
- Beispiel: *Diebstahl → stehlen*

Diebstahl, zählen, Lähmung, Hähnchen, gefährlich, Fehler, lehmig, sehnsüchtig, verehren, Gewühl, berühmt, wohnlich, Berührung

© Prof. Dr. Friedrich Schönweiss, Uni Münster • www.lernserver.de • Lernserver-Institut – Verlag für Bildungsmedien GmbH

Name:

Anwenden der l-m-n-r-Regel

Nur wenn nach dem langen betonten Vokal die Konsonanten **l, m, n** oder **r** zu hören sind, ist ein Dehnungs-h möglich.

Diese Übung ist superleicht!
Setze den eingeklammerten Buchstaben ein und überlege, ob zusätzlich ein „h“ nach dem langen Vokal nötig ist.

In hohem Gra_s_ muss man sich vor Zecken in Acht nehmen. (s) Gras

Sag die Wa____heit! (r) ____________

Für Optimisten ist das Gla____ stets halbvoll und nicht halbleer. (s) ____________

Die Rehe im Wildgehege sind za____. (m) ____________

Wir fahren mit den Rä____ern zum Zelten. (d) ____________

Das Wort Gemü___e kommt von Mu____. (s) ____________

Im Wiesengrund ist es kü____ und feucht. (l) ____________

Wegen des Attentats hängen die Fa____en auf Halbmast. (n) ____________

Löwen liegen gerne in Ku____en aus Sand. (l) ____________

Zum Grillen braucht man eine vernünftige Glu___. (t) ____________

Erfolg ist der Mühe Lo____. (n) ____________

Theo wird wegen jeder Kleinigkeit furchtbar wü____end. (t) ____________

Liebst du mich nicht me____? (r) ____________

Da guckte er in die Rö____e. (r) ____________

Viel Bewe____ung an frischer Luft ist gesund. (g) ____________

Sabrinas neues Piercing im Na____el schockierte ihre Eltern. (b) ____________

lernserver Individuelle Förderung
© Prof. Dr. Friedrich Schönweiss, Uni Münster • www.lernserver.de • Lernserver-Institut – Verlag für Bildungsmedien GmbH

Name:

Erkenntnis: h weder nach Zwielauten noch in Vor- und Nachsilben

„Das Badezimmer ist nicht mehr als ein *Plastik**eimer***", heißt es in dem Text über die sogenannten Friedhofsmenschen von Cebu. Aber wir lesen auch, dass inzwischen viele „ihr ***Schicksal*** in die eigene Hand genommen haben".

Überlege:

1. Plastikeimer / **Eimer** – warum wird das Wort nicht mit Dehnungs-h geschrieben? Nach dem **„ei"** folgt doch ein **„m"**!
2. Oder „**Schicksal**"? Das **„a"** wird lang gesprochen und danach hört man ein **„l"**.

Hier gilt eine Zusatzregel, die du leicht finden kannst.
Betrachte dazu die Wörter in der Tabelle und ergänze die Merksätze darunter.

Wortliste 1	**Wortliste 2**
Hain	vorleben
faul	vorsagen
kaum	vorsichtig
Raum	Vorteil
Daunen	Urteil
Gäule	Trübsal
Bäume	Scheusal
Feile	langsam
heilen	wirksam
Leim	Brauchtum
fein	Königtum
Eule	Reichtum, Reichtümer
Beule	essbar
neun	wunderbar

Die Wörter in der Wortliste 1 enthalten alle einen ________________ in der betonten Silbe.

Die Wörter in der Wortliste 2 enthalten alle einen lang gesprochenen Vokal in einer _______silbe oder _________silbe.

Zusatzregel:

Nach ____________________ sowie in __________________ und ____________________ steht nie ein Dehnungs-h.

© Prof. Dr. Friedrich Schönweiss, Uni Münster • www.lernserver.de • Lernserver-Institut – Verlag für Bildungsmedien GmbH

Name:

Festigen der Grundregel und Zusatzregel (Seite 1)

Aufgabe 1: Lies den Text durch.

„Jungfräuliche Monster“ – was ist das denn?

Ein ungewöhnlicher Anblick: Auf dem berühmten Alexanderplatz in Berlin steht an mehreren Wochenenden ein mobiles Theater, ein altertümlicher Kleinbus mit Essensausgabe. Künstlerinnen aus den Bereichen Rockmusik und Schauspiel erscheinen in verrückten Kostümen und ziehen mit Fähnchen und auffälligen Plakaten die Blicke auf sich. Auch Sketche und Songs verfehlen ihre Wirkung nicht. Die Frauen sprechen junge Passanten an und laden sie in ihre fahrbare Suppenküche ein. Letzten Samstag gab's Möhreneintopf.

Ohne große Umschweife kommen die Künstlerinnen mit den Jugendlichen ins Gespräch – über ihre Situation, über ihre wahren Probleme, vor allem über Erfahrungen mit Armut in ihrer Lebenswelt und über Gefühle der Angst, Wut und Hoffnung.

„The Poor Maiden Monsters“ nennt sich dieses Musik-Theater-Projekt, das sich das Junge Deutsche Theater in Berlin für dieses Jahr ausgedacht hat. Die Rockband „Maiden Monsters“ und die Gruppe „one hit wonder“ haben ihre Vorstellungen dazu entwickelt und wirken aktiv mit.

Das Ganze ist kein Selbstzweck. Was die „jungfräulichen Monster“ erleben, fließt in Theateraktionen ein, um in der Öffentlichkeit auf Schicksale und Ausprägungen sozialer Not aufmerksam zu machen. Vor allem wollen sie jedoch Ideen zum Kampf gegen die zunehmende Armut und das Aushöhlen des Sozialstaats entwickeln. Die entstandenen Szenen und Musikstücke bringen sie auf die früher so vornehme Theaterbühne in der Schumannstraße. Die „Armuts-Revue“ soll berühren und aufrührerisch sein.

„Raus und rein“, nennt die Projektleiterin die Vorgehensweise dieses „Theater Mobil“. Zunächst verlassen die Künstlerinnen das Theater und diskutieren gemeinsam mit Jugendlichen über Armut und gefährdete Zukunft. Auf Schulhöfen und vor Jugendzentren hält das Theaterfahrzeug ebenfalls. Auch die Berliner „Tafel“ bietet einen passenden Rahmen für die künstlerische Feldforschung. Dann kehren alle zurück zu den „Brettern, die die Welt bedeuten“. Sie verarbeiten ihre Recherchen mit den Mitteln des Theaters und inszenieren es für ein größeres Publikum – ein sehr zeitgemäßes politisches Theater!

Dieses Gesamtkunstwerk fand die Kulturstiftung des Bundes so vorbildlich, dass sie den Projektträger mit einer Finanzspritze aus dem Fonds „Heimspiel“ belohnt hat.

Hier könnt ihr euch informieren:
http://kulturstiftung-des-bundes.de/cms/de/programme/kunst_der_vermittlung/heimspiel_1056_91.html

lernserver Individuelle Förderung
© Prof. Dr. Friedrich Schönweiss, Uni Münster • www.lernserver.de • Lernserver-Institut – Verlag für Bildungsmedien GmbH

Name:

Festigen der Grundregel und Zusatzregel (Seite 2)

Aufgabe 2: Der Text enthält 26 verschiedene Wörter mit Dehnungs-h.

a. Trage diese 26 Wörter in die *linke* Spalte der Tabelle weiter unten ein.
b. Ergänze die Spalte mit den Wörtern, die du nicht gefunden hast. Deine Lehrkraft diktiert sie dir.
c. Fülle dann die leeren Felder der rechten Spalte passend mit verwandten Wörtern und zusammengesetzten Wörtern, die deine Lehrkraft dir diktiert.
Achte dabei auf die Groß- und Kleinschreibung!
d. Prüfe, ob du immer an das Dehnungs-h gedacht hast! Du kannst es farbig markieren.

Tabelle, erster Teil:

<table>
<tr><td></td><td></td></tr>
<tr><td></td><td></td></tr>
<tr><td></td><td></td></tr>
<tr><td></td><td></td></tr>
<tr><td></td><td></td></tr>
<tr><td></td><td rowspan="2"></td></tr>
<tr><td></td></tr>
<tr><td></td><td rowspan="2"></td></tr>
<tr><td></td></tr>
<tr><td></td><td></td></tr>
<tr><td></td><td></td></tr>
<tr><td></td><td></td></tr>
<tr><td></td><td></td></tr>
</table>

© Prof. Dr. Friedrich Schönweiss, Uni Münster • www.lernserver.de • Lernserver-Institut – Verlag für Bildungsmedien GmbH

lernserver
Individuelle Förderung

Name:

Festigen der Grundregel und Zusatzregel (Seite 3)

Tabelle, zweiter Teil:

lernserver Individuelle Förderung

© Prof. Dr. Friedrich Schönweiss, Uni Münster • www.lernserver.de • Lernserver-Institut – Verlag für Bildungsmedien GmbH

Name:

Festigen der Grundregel und Zusatzregel (Seite 4)

Aufgabe 3: Finde im Text 8 Wörter mit einem langen Vokal, auf den kein Dehnungs-h folgt. Denke dabei an die Zusatzregel!

a. Trage diese 8 Wörter in die linke Spalte der Tabelle unten ein!
b. Ergänze die Spalte mit den Wörtern, die du nicht gefunden hast! Deine Lehrkraft diktiert sie dir.
c. Fülle dann die leeren Felder der rechten Spalte passend mit verwandten Wörtern und zusammengesetzten Wörtern, die deine Lehrkraft dir diktiert!
Achte dabei auf die Groß- und Kleinschreibung!

Aufgabe 4: Zwei Wörter passen in beide Wortgruppen der Zusatzregel.

a. Trage die beiden Wörter in die linke Spalte der Tabelle unten ein!
b. Fülle dann die leeren Felder der rechten Spalte passend mit verwandten Wörtern und zusammengesetzten Wörtern, die deine Lehrkraft dir diktiert!
Achte dabei auf die Groß- und Kleinschreibung!

© Prof. Dr. Friedrich Schönweiss, Uni Münster • www.lernserver.de • Lernserver-Institut – Verlag für Bildungsmedien GmbH
lernserver Individuelle Förderung

Name:

Übernahme des Dehnungs-h bei konjugierten Verben

Merke dir:
Beugst du ein Verb mit Dehnungs-h, wird das Dehnungs-h übernommen, wenn der Vokal ***lang*** bleibt.

Wende die Regel in den folgenden Beispielen an:

Grundform	Gegenwart	Vergangenheit	Mittelwort
anbahnen	ich bahne an	er bahnte an	angebahnt
aufbahren	ich	er	
fehlen			
entbehren			
fühlen			
kühlen			
berühren			
verkohlen			
sich rühmen			
sich wehren			
strahlen			

lernserver Individuelle Förderung | © Prof. Dr. Friedrich Schönweiss, Uni Münster • www.lernserver.de • Lernserver-Institut – Verlag für Bildungsmedien GmbH

Name:

Übernahme des Dehnungs-h bei gebeugten Verben

Merke dir:
Beugst du ein Verb mit Dehnungs-h, wird das Dehnungs-h übernommen, wenn der Vokal *lang* bleibt.

Wende die Regel in den folgenden Beispielen an:

Infinitiv	Präsens	Präteritum	Partizip Perfekt
kühlen	ich kühle	er kühlte	gekühlt
sich verzehren	ich	er	
fehlen			
verfehlen			
fühlen			
nachfühlen			
rühren			
berühren			
sich rühmen			
verhöhnen			
ahnen			

© Prof. Dr. Friedrich Schönweiss, Uni Münster • www.lernserver.de • Lernserver-Institut – Verlag für Bildungsmedien GmbH

Name:

Übernahme des Dehnungs-h bei gebeugten Verben

Merke dir:
Konjugierst du ein Verb mit Dehnungs-h,
wird das Dehnungs-h übernommen,
wenn der Vokal ***lang*** bleibt.

Wende diese Regel bei den folgenden Verben an.

a) Bilde zunächst drei konjugierte Verbformen, z.B.: wühlen – ich wühle, er wühlte, gewühlt

b) Bilde so viele Ableitungen, wie dir einfallen, z.B.: zerwühlen, aufwühlen, Wühlmaus…

ehren: ______________________________

____

prahlen: ______________________________

____

wählen: ______________________________

____

dehnen: ______________________________

____

genehmigen: ______________________________

____

zählen: ______________________________

____

gähnen: ______________________________

____

erwähnen: ______________________________

____

zähmen: ______________________________

____

© Prof. Dr. Friedrich Schönweiss, Uni Münster • www.lernserver.de • Lernserver-Institut – Verlag für Bildungsmedien GmbH

Name:

Konjugation starker Verben

1. Unterstreiche in der Wortliste die Verben mit einem *langen* betonten Vokal.

fahren	kommen	tragen	schwimmen
verlieren	stehlen	lesen	empfehlen
entrinnen	fallen	nehmen	betrügen

Merke:
Starke Verben verändern ihren Stammvokal, wenn wir sie konjugieren (beugen).
Das Dehnungs-h bleibt beim Konjugieren erhalten, ***wenn*** der Vokal auch ***lang*** bleibt!

2. Trage die konjugierten Formen der unterstrichenen Verben in die Tabelle ein.
3. Markiere das Dehnungs-h, wenn vorhanden.

Präsens	Präteritum	Partizip Perfekt
ich gebe	ich gab	gegeben
ich befehle	ich befahl	befohlen
ich fahre		

4. Setze hier die Präteritumformen ein. Denke bei 3 Verben an das Dehnungs-h!

Friedensschluss zwischen Motorradclubs?
Vertreter der so genannten Bandidos und der Hells Angels (kommen) __________ in Hamburg zusammen und (unterschreiben) ________________ein gemeinsames „Friedensabkommen". Die Öffentlichkeit (erfährt) ___________ erst zwei Tage später von dem Treffen. Ein Sprecher der Innenminister (nimmt) _________ an, dass jetzt aber noch längst nicht „Friede, Freude, Eierkuchen" herrsche. Die Banden (gehen) ____________ lediglich in die Offensive, da ihnen ein Verbot (bevorsteht) ______________, so wird vermutet. Der Hamburger Innensenator (empfiehlt) _______________ weiterhin Vorsicht und ein hartes Durchgreifen des Staates.

© Prof. Dr. Friedrich Schönweiss, Uni Münster • www.lernserver.de • Lernserver-Institut – Verlag für Bildungsmedien GmbH
Lernserver Individuelle Förderung

Name:

Komposita (Zusammensetzungen)

Zusammengesetzte Wörter (Komposita) trennst du in ihre einzelnen Teile und suchst in **jedem** Teil den Betonungsgipfel. Entscheide dann, ob ein Dehnungs-h nötig ist.

1. **Wende diese Regel auf die folgenden Wörter an.**
2. **Setze die Buchstaben in Klammern ein und überlege, ob auch ein h nötig ist.**
3. **Schreibe die Teilwörter auf die Zeile daneben.**

Beispiel:

das Ko_hl_gemü_s_e (l, s) *der Kohl, das Gemüse*

der Le____bo____en (m, s) ____________________

die Lo____tü___e (n, t) ____________________

die Fe____erza____ (l, l) ____________________

das Bü____enbi____d (n, l) ____________________

der Ho____zka____ (l, n) ____________________

die Zu____fa____t (g, r) ____________________

der E____elsta____ (d, l) ____________________

der Bi____derra____en (l, m) ____________________

die Sa____zmü____e (l, l) ____________________

der Hö____enfo____scher (l, r) ____________________

das Wei____enme____ (z, l) ____________________

das Le____ensja____ (b, r) ____________________

die Gefü____skä____te (l, l) ____________________

der U____zei____er (r, g) ____________________

© Prof. Dr. Friedrich Schönweiss, Uni Münster • www.lernserver.de • Lernserver-Institut – Verlag für Bildungsmedien GmbH

Name:

Anwendung der Regeln im Lückendiktat

1. Denke an die Regeln, die du gelernt hast.
- Fülle, wenn nötig, die Lücken mit einem Dehnungs-h.
- Prüfe dabei auch, ob der betonte Vokal lang oder kurz klingt.

Sturmfrei

Unzä__lige Jugendliche haben es schon erle__bt – eine Party bei sturmfreier Bu__de, die au__ßer Kontro__lle geriet. Zum Beispiel die 15-jä__rige Johanna:
Ihre Eltern fu__ren für einige Tage in Urlaub und die erse__nte Gelegenheit war da, o__ne lästi__ge Erma__nungen und Vorschriften eine Fe__te zu feiern. Johanna lu__d ze__n Freundinnen und Freunde ein, von denen einer dann in Facebook anfragte, um welche U__rzeit es losgehe und wie viel Alkohol er mitbringen so__lle. In Windesei__le verbrei__tete sich die Nachricht – und nicht nur eingeladene Gä__ste erschienen bei Johanna zuhause . Sie hatte nicht den Mu__t, die Freunde von den Freunden der Freunde wieder wegzuschi__cken.
An hochprozenti__gem Alkohol herrschte wo__l kein Mangel. Auch entferntere Nachbarn beka__men durch die laut aufgedrehte Musi__kanla__ge bis spä__t in die Nacht me__r von der Party mit, als ihnen lieb war.
Und das Ende vom Lied? Sche__rben in der Auffa__rt, aus dem Vo__rgarten herausgerissene Pflanzen, eine total verdre__ckte Wo__nung, ein Notarztwagen für zwei völli__g betrunkene Jugendliche und eine enttäuschte und verheu__lte Johanna...

2. Gleiche deine Ergebnisse mit der Lösung ab. Verbessere, wenn nötig.

3. Schreibe die korrekten Lückenwörter auf die Zeilen.

© Prof. Dr. Friedrich Schönweiss, Uni Münster • www.lernserver.de • Lernserver-Institut – Verlag für Bildungsmedien GmbH
Lernserver Individuelle Förderung

Name:

Kognitive Entscheidung zwischen richtiger und falscher Schreibung

Aufgabe 1: Die meisten Wörter im Kasten werden dir schon bekannt sein.
- Es werden dir richtige und falsche Schreibungen angeboten.
- Entscheide, ob der unterstrichene Vokal **lang oder kurz** gesprochen wird!
- Prüfe dann bei den Wörtern mit *langem* Vokal, ob für sie eine der **Zusatzregeln** zutrifft.
- Streiche schließlich die falsch geschriebenen Wörter durch!

Empfelungen / Empfehlungen	Erfahrungen / Erfarungen
Feler / Fehler	erzählt / erzält
Hahltet / Haltet	Ort / Ohrt
geheim / geheihm	erreichbar / ehrreichbar / erreichbahr
Trefft / Trehfft	Schähden / Schäden
überschaubare / überschaubahre	Kohsten / Kosten
Anzahl / Anzal	Spaß / Spahß
Vorhaben / Vohrhaben	bekanntlich / bekahnntlich

Aufgabe 2:Trage die richtig geschriebenen Wörter in die folgenden Sätze ein:

In einer Jugendzeitschrift fand ich folgende ____________________ für Partys bei sturmfreier Bude:

Macht nicht die gleichen __________ wie manche eurer Altersgenossen!

_________ die Fete nicht vor euren Eltern __________!

_________ klare Absprachen mit ihnen!

Ladet nur eine ______________________ __________ von Gästen ein!

Veröffentlicht euer _____________ nicht im Netz!

Lasst niemanden ins Haus, von dem ihr schon schlechte __________________ ____________ bekommen habt!

Sagt den Nachbarn Bescheid und bittet jemanden, zwischendurch mal am _____ des Geschehens vorbeizukommen!

Notiert euch die Rufnummer, unter der eure Eltern _____________ sind!

Rechnet damit, dass ihr für alle ____________ aufkommen müsst, die eure Gäste anrichten!

Spätestens bei hohen ___________ hört der _____ ________________ auf.

© Prof. Dr. Friedrich Schönweiss, Uni Münster • www.lernserver.de • Lernserver-Institut – Verlag für Bildungsmedien GmbH

Name:

Liste mit den wichtigsten Dehnungs-h-Wörtern

**Das ist eine Auflistung der wichtigsten Wörter mit Dehnungs-h.
Du kannst hier immer wieder einmal nachschauen, wenn du dir unsicher bist.
Falls dir noch Wörter mit Dehnungs-h begegnen, die hier *nicht* aufgeführt sind, schreibst du sie einfach dazu.**

hl:

kahl, Mahl, mahlen, Pfahl, prahlen, Stahl, Strahl, Wahl, Zahl
befehlen, empfehlen, fehlen, Kehle, Mehl, stehlen
Bohle, Dohle, Fohlen, johlen, hohl, Kohl, Kohle, Sohle, wohl
Kuhle, Stuhl, suhlen
allmählich, vermählen
fühlen, kühlen, Mühle, wühlen

hm:

lahm, nachahmen, Rahm, Rahmen, zahm
angenehm, genehmigen, nehmen, Lehm, vornehm
Ruhm

hn:

ahnen, Bahn, Fahne, Hahn, Kahn, Sahne, Wahn, Zahn
dehnen, sich lehnen, sich sehnen, Sehne, zehn
Bohne, bohnern, Drohne, Hohn, Lohn, Mohn, ohne, Sohn, wohnen
Huhn
ähnlich, erwähnen, gähnen, Mähne, Strähne
dröhnen, Föhn, gewöhnen, stöhnen, versöhnen
Bühne, kühn, Sühne

hr:

aufbewahren, Bahre, fahren, Jahr, Nahrung, wahr
begehren, entbehren, kehren, lehren, mehr, mehren, sehr, verkehren,
vermehren, verzehren, sich wehren, zehren
Bohrer, Mohr, Mohrrübe, Ohr, Rohr
Uhr
Ähre, Röhre, röhren, Nadelöhr
berühren führen, Gebühren, rühren

© Prof. Dr. Friedrich Schönweiss, Uni Münster • www.lernserver.de • Lernserver-Institut – Verlag für Bildungsmedien GmbH
Lernserver Individuelle Förderung

Name:

Regeln selbst formulieren

Was man selbst in Worte fasst, kann man sich besser merken!

Formuliere deshalb mit deinen eigenen Worten die Grundregel und die Zusatzregeln zum Dehnungs-h.

Die Grundregel zum Dehnungs-h:

Zusatzregel zu Zwielauten und Vor- und Nachsilben:

Zusatzregel zu konjugierten schwachen Verben:

Zusatzregel zu konjugierten starken Verben:

Zusatzregel zu Komposita (Zusammensetzungen):

© Prof. Dr. Friedrich Schönweiss, Uni Münster • www.lernserver.de • Lernserver-Institut – Verlag für Bildungsmedien GmbH

Name:

1. Ausnahme zur l-m-n-r-Regel

Erstes Problem bei der Grundregel zum Dehnungs-h:

„Tobias hat seinen Kopf ka**h**l geschoren."
Klar – „kahl" schreibt man mit Dehnungs-h, aber warum nicht auch „geschoren"?
Alle Merkmale treffen doch zu: langer betonter Vokal, und zwar vor einem r!

1. Entdecke die erste Ausnahmeregel. Was fällt dir bei diesen Wörtern auf?

Qual quer bequem Tal Ton tun Tor Schal schämen Schule Schere

Antwort: **Vor** dem langen betonten Vokal steht entweder ___, ___ oder ___.

Merke:
Wörter, die mit **qu** oder **t** oder **sch** beginnen, haben kein Dehnungs-h.
Das gilt auch für ihre Ableitungen.
Manche merken sich diese Ausnahme als „**Qu**a**tsch**-Regel".

2. Unterstreiche im Text die Wörter, die nach dieser Ausnahmeregel *ohne* Dehnungs-h geschrieben werden! Es sind zehn.

Tobias war ein „Hoffnungsträger"
Auf dem Ökumenischen Kirchentag 2010 in München konnte man zahlreiche Jugendliche mit orangefarbenen Taschen kreuz und quer über die Plätze streifen sehen. „Hope" stand darauf und „hoffnungsträger.net". Tobias war einer von diesen Jugendlichen, die ehrenamtlich an der Aktion „Hoffnungsträger" teilgenommen haben. Keine einfache und bequeme Aufgabe, die christliche Botschaft unters Volk zu bringen, aber spannend, es auf so ungewöhnliche Art und außerhalb der Kirchentüren zu tun! Der Schüler Tobias war im Zentrum der Jugend auf dem Olympiagelände eingesetzt. An besonderen T-Shirts, Kappen und Schals waren er und seine Mitstreiter zu erkennen. Eine Schar von 500 jungen Leuten aus dem Bistum Münster hatte schon vor dem Kirchentag eine „Hope-Tasche" bekommen; sie sollte mit Inhalt gefüllt und weitergereicht werden: Was gibt mir Hoffnung?, so lautete die Frage. Und ohne Schere im Kopf konnte man nachdenken: Mit welchem Material oder welchen Symbolen will ich meine Hoffnung darstellen? Auch gab es so genannte Hoffnungs-Tattoos. Alle wurden gebeten, per Handy oder Foto im Internet die Aktion zu dokumentieren. „Das hat prima geklappt", betonte Tobias. Vielleicht könnt ihr noch Spuren der Hoffnungsträger im Netz finden?

3. Bilde zu den Wörtern möglichst viele Ableitungen und Zusammensetzungen.

Beispiel „betonte": *Betonung, vertonen, tönen, Ton, Tonart*

© Prof. Dr. Friedrich Schönweiss, Uni Münster • www.lernserver.de • Lernserver-Institut – Verlag für Bildungsmedien GmbH
lernserver Individuelle Förderung

Name:

2. Ausnahme zur l-m-n-r-Regel

Zweites Problem bei der Grundregel zum Dehnungs-h:

„Inga begibt sich auf die Spur des letzten Jahrhunderts."
Sicher – „Ja**h**r" schreibt man mit Dehnungs-h, aber warum nicht auch „Spur"?
Alle Merkmale treffen doch zu: langer, betonter Vokal, und zwar vor einem r!

1. Entdecke die zweite Ausnahmeregel. Was fällt dir bei diesen Wörtern auf?

Blume grün klar Kran Krone krümeln Krämer Strom spülen Flur frönen Plan

Antwort: Die Wörter haben alle am Wortanfang ______ oder _________ Konsonanten. Wir nennen das **Konsonantenhäufung**.

Merke:
Wörter, die mit mehreren Konsonanten (Mitlauten) beginnen,
haben in der Regel kein Dehnungs-h.
Das gilt auch für ihre Ableitungen.

2. Unterstreiche im Text die Wörter, die nach der zweiten Ausnahmeregel *ohne* Dehnungs-h geschrieben werden! Es sind zehn.

Ein spannendes Museum in London
Inga ist begeistert. Sie hat kürzlich ein besonderes Museum in London besucht, in das auch viele Jugendliche strömen. Zum Beispiel durfte Inga sich auf einen grün gepolsterten Thron setzen und sich vorstellen, wie es wäre, die Königin von England zu sein. Schauspieler einer Theatertruppe haben sie zu dieser nicht alltäglichen Erfahrung eingeladen. Die Theaterleute sind zum Beispiel wie Sherlock Holmes und Doktor Watson gekleidet und verwickeln die Museumsbesucher in Gespräche oder fordern sie unverblümt zu kleinen Aktionen auf. Und das Erlebte klärt über vergangene Zeiten auf – viel interessanter, als Schautafeln und Stelen zu lesen oder in Geschichtsbüchern in der Vergangenheit zu kramen. Im Kensington Palast am Rande des Hyde Park ist die Ausstellung zu sehen, die an sieben gekrönte Häupter erinnert, unter anderem an Queen Victoria. Designerinnen und Künstler haben die dreizehn Räume und Flure eingerichtet, wo die Berühmtheiten liebten und litten. Man kann anhand der Ausstellungsstücke und unterstützt durch Musik dem Schicksal der früheren Bewohnerinnen ein wenig nachspüren – eine einmalige Tour!

3. Bilde zu den Wörtern möglichst viele Ableitungen und Zusammensetzungen.

Beispiel „strömen": *Strom, Stromleitung, Strömung, überströmend*

© Prof. Dr. Friedrich Schönweiss, Uni Münster • www.lernserver.de • Lernserver-Institut – Verlag für Bildungsmedien GmbH

Name:

Merkwörter mit Dehnungs-h trotz Konsonantenhäufung (Seite 1)

Die Ausnahmen von der zweiten Ausnahme!

Du hast gelernt:
Wörter, die **mit mehreren Konsonanten beginnen**, haben in der Regel **kein Dehnungs-h**.
Es gibt aber leider ein paar Wörter, die sich dieser Regel entziehen.

Aufgabe 1: Im Text findest du *drei* dieser *Ausnahmen*. Unterstreiche sie und trage ihre Grundwörter hier ein:

Bunt und doch deutsch

Sie heißen Cacau, Boateng, Özil und Trochowski. Und sie spielen Fußball für Deutschland. Bei der Fußballweltmeisterschaft 2010 in Südafrika, wo immer Vuvuzelas in den Stadien dröhnen, ist die deutsche Nationalelf mit jungen Spielern angetreten, deren Namen zu einem großen Teil fremd klingen. Aber sie haben einen deutschen Pass, nicht nur einen Spielerpass für eine Bundesligamannschaft.

Söhne von Flüchtlingen, Aussiedlern und Einwanderern haben sich durch ihre Leistung für unsere Nationalmannschaft empfohlen. Sami Khedira beispielsweise ist der Sohn eines Tunesiers und einer Deutschen. Er ist davon überzeugt, dass Mannschaftskameraden wie Özil und Cacau dem deutschen Spiel mehr „südländische Leichtigkeit“ verleihen. Auch Klose und Podolski, Trochowski und Gomez, Tasci und Aogo haben ausländische Wurzeln. Doch sie identifizieren sich stark mit ihrer (neuen) Heimat Deutschland. Cacau lobte diese kürzlich in einem Interview. „Deutschland hat mir eine Chance gegeben“, strahlte er. „Auch Minderheiten haben in Deutschland eine Chance.“

Khedira sieht viele Vorteile in der spannenden Mischung: Deutsche und Wahl-Deutsche könnten kulturell und sportlich voneinander lernen.

Aufgabe 2: Lerne alle Ausnahmewörter auswendig.

der Stuhl
der Stahl
der Pfahl
der Pfuhl
die Drohne
die Strähne

strahlen
prahlen
stöhnen
dröhnen
stehlen
empfehlen

© Prof. Dr. Friedrich Schönweiss, Uni Münster • www.lernserver.de • Lernserver-Institut – Verlag für Bildungsmedien GmbH | Lernserver Individuelle Förderung

Name:

Merkwörter mit Dehnungs-h trotz Konsonantenhäufung (Seite 2)

Aufgabe 3: Ordne die Ausnahmewörter alphabetisch.

Aufgabe 4: Bilde mit den folgenden Silben sinnvolle Wörter, die von den Ausnahmewörtern abgeleitet sind. Du kannst mit deinem Nachbarn überlegen.

ar Aus bei chen Dieb droh Droh dröh Dröh emp emp Emp feh
zel feh flug foh kraft ge ge Ge hans hart Holz Kampf le le len
Glücks len len lend lens lung lung ne ne ne nen nend nend
nung pfahl Pfahl Pfäh Prah Prahl rei stahl stahl Stahl stählt steh
stoh stöh stöh strah strah Strahl sträh Strähn ter weg wert wur

Aufgabe 5: Denke dir einen Satz aus, in dem möglichst viele der Lernwörter vorkommen. Auswendig gelernt hilft er dir, die Lernwörter zu behalten.

lernserver Individuelle Förderung
© Prof. Dr. Friedrich Schönweiss, Uni Münster • www.lernserver.de • Lernserver-Institut – Verlag für Bildungsmedien GmbH

Name:

Wiederholung der bisherigen Regeln (Seite 1)

Aufgabe 1:

Im Text sind 28 Wörter mit Dehnungs-h enthalten. Markiere sie!
Achtung: Einige kommen mehrmals vor.

Ferienjobs sind sehr beliebt

Wenn die wunderbare Zeit der Sommerferien bevorsteht, beginnt für zahlreiche Schülerinnen und Schüler die Suche nach Jobs. Da sie nicht nur faulenzen wollen, planen sie ihr Taschengeld aufzubessern. Gut bezahlte Ferienjobs sind besonders begehrt. Auf jeden Fall sollten die rechtlichen Rahmenbedingungen allen klar sein. Hier ein paar wesentliche Informationen und Empfehlungen vom Bund der Steuerzahler für solche Vorhaben:

- Bis zum dreizehnten Lebensjahr ist Kinderarbeit in Deutschland verboten. Ab 13 darfst du nur höchstens zwei Stunden am Tag arbeiten, wenn deine Eltern das genehmigt haben. Du darfst dann leichte Aushilfsjobs verrichten, zum Beispiel Zeitungen oder Prospekte verteilen und babysitten.
- Wenn du schon 15 bist, darfst du dich in den Ferien bis zu acht Stunden „quälen“, allerdings nur zwischen 6 und 20 Uhr und höchstens 40 Stunden pro Woche. Ab 18 Jahren gibt es keine Einschränkungen mehr – alle Türen stehen dir offen.
- Du brauchst vor Arbeitsbeginn eine Lohnsteuer-ID. Du kannst sie kostenlos beim Einwohnermeldeamt erfragen. Ohne eine solche Identifikationsnummer wird dir vom Arbeitgeber wahrscheinlich eine Pauschale von 25% deines Bruttolohns fürs Finanzamt abgezogen. Keine reine Freude!
- Mit Lohnsteuer-ID musst du zwar auch Steuern bezahlen. Aber wenn du weniger als 10.680 € im Jahr verdient hast, bekommst du im nächsten Jahr den gesamten Betrag zurück. Dafür solltest du auf jeden Fall einen Antrag ans Finanzamt stellen.
- Wenn du jährlich weniger als zwei Monate oder 50 Arbeitstage jobbst, brauchst du keine Sozialabgaben zu leisten, also keine Beiträge in die Arbeitslosenversicherung einzuzahlen und ebenfalls nichts in die Kranken- und Rentenkasse.
- Warne deine Eltern! Wenn du über 8.924 € verdient hast, sei es auch nur ein Euro mehr, müssen deine Eltern wohl oder übel das Kindergeld für das ganze Jahr zurückzahlen.

© Prof. Dr. Friedrich Schönweiss, Uni Münster • www.lernserver.de • Lernserver-Institut – Verlag für Bildungsmedien GmbH | Lernserver Individuelle Förderung

Name:

Wiederholung der bisherigen Regeln (Seite 2)

Aufgabe 2:
Schreibe von allen Ableitungen die <u>Grundwörter</u> in die Tabelle! Es sind 13 verschiedene. Ordne sie dabei nach dem Konsonanten, der auf den langen Vokal folgt!

h vor l	wohl	unwohl, Wohlstand, wohlhabend
h vor m		
h vor n		
h vor r	Uhr	Uhrzeit

Aufgabe 3:
Suche zu jedem Grundwort in der Tabelle noch zwei bis drei verwandte Wörter!

© Prof. Dr. Friedrich Schönweiss, Uni Münster • www.lernserver.de • Lernserver-Institut – Verlag für Bildungsmedien GmbH

Name:

Wiederholung der bisherigen Regeln (Seite 3)

Achtung! Einige Wörter im Text, die einen langen Vokal haben, werden *nicht* mit Dehnungs-h geschrieben. Sie wurden mit einem der folgenden „Siebe“ herausgefiltert:

Sieb 1: Auf den Vokal folgt kein l, m, n oder r.
Sieb 2: Der Vokal ist ein Zwielaut.
Sieb 3: Der Vokal steht in einer Vor- oder Nachsilbe.
Sieb 4: Das Wort beginnt mit einem qu, t oder sch („Quatsch-Regel“).
Sieb 5: Das Wort beginnt mit mehreren Konsonanten (Mitlauthäufung).

Aufgabe 4: Notiere, in welchem Sieb diese Wörter „hängengeblieben“ sind:

wunderbar	____
Schüler	____
faulenzen	____
planen	____
gut	____
jeden	____
klar	____
wesentlich	____
Vorhaben	____
schon	____
quälen	____
Türen	____
kostenlos	____
reine	____
zwar	____
Betrag	____
Sozialabgaben	____
Arbeitslosenversicherung	____

Hoppla! Hätte nicht das Wort „Empfehlungen“ im 5. Sieb hängen bleiben müssen? Vor dem langen Vokal steht ein **pf**, also Konsonantenhäufung am Anfang des Wortstamms!
Aber du erinnerst dich sicher: Es gibt *Ausnahmen*, Wörter, die du auswendig lernen konntest.

Aufgabe 5: Notiere die Ausnahmen hier!

____

____

____

© Prof. Dr. Friedrich Schönweiss, Uni Münster • www.lernserver.de • Lernserver-Institut – Verlag für Bildungsmedien GmbH

Lernserver
Individuelle Förderung

Name:

3. Ausnahme zur l-m-n-r-Regel (Wortliste)

Drittes Problem bei der Grundregel zum Dehnungs-h:

„Im schönen Monat Mai…"
Hier ist „Monat" ohne Dehnungs-h geschrieben. Warum? Alle Merkmale treffen doch zu: langer, betonter Vokal, und zwar vor einem n!
Antwort:
Es gibt einige Wörter – oft haben sie ihren Ursprung in anderen Sprachen –, in denen kein Dehnungs-h vorkommt, obwohl alle Voraussetzungen vorhanden sind.
Du musst diese Wörter **auswendig lernen**.

Hier sind die wichtigsten Merkwörter *ohne* Dehnungs-h:

holen
hören
die Ameise
der Bär
jemand
komisch
malen (ein Bild)
der Name
die Dame
der Honig
der König
der Monat
das Öl
der Wal
die Ware
wenig
die Düne
das Elend
geboren

ich war, wir waren
der, den, denen
wer, wen, wem
nur, nun
mal
vor
gar, sogar
bar
der Hering
die Kur
die Kür
das Lama
der Pol
die Pore
pur
der Same
selig
der Zar
die Zone

© Prof. Dr. Friedrich Schönweiss, Uni Münster • www.lernserver.de • Lernserver-Institut – Verlag für Bildungsmedien GmbH

Name:

3. Ausnahme zur l-m-n-r-Regel (Merktipps)

Lerntipps für die Ausnahmewörter ohne Dehnungs-h!

1. Lies dir alle Merkwörter durch und hake die ab, die du sicher richtig schreiben kannst.
2. Die anderen teilst du in Pakete mit jeweils 6 Wörtern ein.
3. Beschäftige dich nun ein paar Tage lang jeweils eine halbe Stunde mit einem Paket.
   a) Schlage die Wörter, deren Bedeutung dir nicht klar ist, im Fremdwörterbuch nach.
   b) Schreibe die Wörter eines Pakets in dein Heft und lerne sie auswendig.
   c) Denke dir zu jedem Wort ein Bild oder eine Szene aus.
   d) Versuche sie noch einmal ohne nachzuschauen aus dem Gedächtnis aufzuschreiben.
   e) Bilde mit jedem Wort einen kurzen Satz.
   f) Sage dir die Wörter mit geschlossenen Augen noch einmal leise vor.
   g) Schreibe am Ende des Tages noch einmal die gelernten Wörter auswendig auf.
4. Arbeite wie in Punkt 3 beschrieben alle Pakete durch.
5. Versuche dann, alle Merkwörter vorwärts und rückwärts aufzuschreiben.
6. Diejenigen, an die du immer denkst, legst du beiseite. Beschäftige dich nur mit dem Rest. Die Wörter, die du dir nicht merken kannst, werden immer weniger werden.
7. Sobald du alle Wörter gut im Gedächtnis gespeichert hast, machst du 3 Tage Pause.
8. Verfahre dann noch einmal so wie in Punkt 5 bis 8 beschrieben.
9. Nimm nun alle Merkwörter, auch die, die du unter Punkt 1 beiseitegelegt hast. Arbeite sie noch einmal durch und versuche sie auswendig aufzuschreiben.

10. Wenn du alle Wörter gelernt hast, kannst du mit einem Freund, deinen Eltern oder Geschwistern ein Spiel spielen:
    Jeder denkt sich abwechselnd ein Wort aus der Merkwortliste und macht es pantomimisch vor, umschreibt es mit Worten oder zeichnet es auf. Der andere muss das Wort erraten. Dafür gibt es Punkte. Wer am Ende die meisten Punkte hat, ist Sieger.

© Prof. Dr. Friedrich Schönweiss, Uni Münster • www.lernserver.de • Lernserver-Institut – Verlag für Bildungsmedien GmbH

Name:

3. Ausnahme zur l-m-n-r-Regel: Vertiefen (Seite 1)

Aufgabe 1: Lies den Text zunächst in Ruhe durch.

Die neue Trendsportart macht Spaß, ist gesellig und gesund

Im schönen Monat Mai war ich in Münster zwischen dem Schlossgraben und der Einsteinstraße unterwegs und konnte einen Slackliner beobachten. Das ist jemand, der die neue Trendsportart mit Namen „Slacklinen" betreibt. Sie kommt aus Kalifornien und bedeutet für viele Spaß pur. Besonders wagemutige Herren und Damen balancieren über tiefe Schluchten auf ihrer Slackline, einem lockeren Band. Und die echten Könige des Sports springen sogar Salto auf ihrem Gerät.

Zum Beispiel Jan Leifels: Er spannt seinen Nylongurt zwischen zwei Befestigungen, welche die Stadt Münster im vergangenen Jahr aufgestellt hat. Und dann tänzelt und taumelt er darüber – hin und her. Der Sportstudent hat schon so viel geübt, dass er auf der wenige Zentimeter breiten Slackline hocken kann. Diese „Kür" sieht leicht aus, ist aber schwer, weil der Nylongurt stark schwingt und man schnell das Gleichgewicht verliert. Jan, 25 Jahre alt und in Paderborn geboren, trainiert die Hochschulgruppe in Münster, jeden Mittwoch im Schlosspark. Man komme mit vielen Passanten ins Gespräch, erzählt er. Einige fänden den Anblick zunächst komisch, doch der eine oder die andere wolle dann das Slacklinen selbst mal ausprobieren. Also ein kommunikativer Sport!

Slacklinen ist nur nicht überall erlaubt. Man darf die Gurte nicht um öffentliche Bäume spannen, da sie leicht die Baumrinde verletzen. Pilze können sich in die entstehenden Ritzen setzen und dadurch Wurzeln und Krone des Baumes schädigen. So drohen die Bäume noch Jahre später krank zu werden. Also: vorher bei der Stadt anrufen und nach den vorgesehenen Zonen für den Sport und geeigneten Befestigungsmöglichkeiten fragen!

Im Internet können Interessierte sich Tipps und neue Ideen holen.

Aufgabe 2: Suche im Text Merkwörter ohne Dehnungs-h und unterstreiche sie.

Aufgabe 3: Schreibe die unterstrichenen Merkwörter auf die Zeilen.

___

___

___

© Prof. Dr. Friedrich Schönweiss, Uni Münster • www.lernserver.de • Lernserver-Institut – Verlag für Bildungsmedien GmbH

Name:

3. Ausnahme zur l-m-n-r-Regel: Vertiefen (Seite 2)

Aufgabe 4: Hier sind die Wörter noch einmal rückwärts geschrieben.
- Schreibe sie in der richtigen Schreibweise auf die Linien.
- Ergänze gegebenenfalls das Grundwort.
- Markiere den betonten Vokal mit einem Strich (Beispiel: jemand).

eginöK ____________, ____________
hcsimok ______________
tanoM __________
dnamej __________
raw (hci) ______
nemaN ________, ________
run ______
rup ______
red ______
lam ______
nenoZ __________, _________
nemaD __________, _________
neloh __________
ragos __________
reh ______
eginew ____________, __________
rüK ______
nerobeg _____________, _____________
rehrov ____________, _______, ______

© Prof. Dr. Friedrich Schönweiss, Uni Münster • www.lernserver.de • Lernserver-Institut – Verlag für Bildungsmedien GmbH
Lernserver Individuelle Förderung

Name:

3. Ausnahme zur l-m-n-r-Regel: Vertiefen (Seite 3)

Aufgabe 5: Ordne die Wörter im Kasten zu Gruppen:

Adjektiv	Verben	Tiere	Sonstige Nomen

die Ameise, der Bär, die Bar, malen, der Honig, das Öl, der Wal, die Ware, die Düne, das Elend, der Hering, die Kur, das Lama, der Pol, die Pore, der Same, selig, der Zar, gären, die Reling

Aufgabe 6: Fremdwörter haben <u>nie</u> ein Dehnungs-h.

- Viele kannst du daran erkennen, dass der betonte Vokal in der *zweiten* oder *einer weiteren* Silbe liegt.
- Schreibe die Begriffe auf und markiere den betonten Vokal:

 ______________

 ______________

 ______________

 ______________

 ______________

 ______________

lernserver Individuelle Förderung | © Prof. Dr. Friedrich Schönweiss, Uni Münster • www.lernserver.de • Lernserver-Institut – Verlag für Bildungsmedien GmbH

Name:

Doppeln oder dehnen? Lückendiktat ohne Ausnahmen (Seite 1)

Aufgabe 1:

– Suche dir für diese Übung einen Lehrer.
– Gib ihm die Lösung und bitte ihn, den Text „Zerstörung eines Paradieses“ Satz für Satz vorzulesen und am Ende eines Satzes die markierten Wörter zu wiederholen.
– Trage diese Wörter in die Lücken ein.
– Beachte:
  - Wörter mit *kurzem* Vokal werden hier durchgängig mit *Doppelkonsonantenbuchstaben* geschrieben.
  - Bei den Wörtern mit *langem* Vokal musst du die Regeln für das *Dehnungs-h* anwenden.
  - Ausnahmen kommen nicht vor.

Zerstörung eines Paradieses

Viele Jugendliche interessieren sich für Natur und Umwelt. Bei ______________, worüber sie sich für die Zukunft Sorgen machen, steht die Umweltzerstörung oft an einer der ersten ____________. Immer _________ Jugendliche sehen dabei auch über den sprichwörtlichen Tellerrand. Unter anderem schauen sie auf die Länder der __________________ Dritten Welt, in denen natürliche Lebensräume für Menschen, Tiere und Pflanzen zunehmend bedroht sind und die Artenvielfalt ______________ ist, zum Beispiel in den __________________ Regenwäldern. Daran sind wir Menschen in den Industriestaaten maßgeblich beteiligt; Stichwort: Bio-Sprit für Autos. Weil sie sich verantwortlich ____________ und weil sie Mitleid mit den _________________ Lebewesen haben, engagieren sich junge Menschen in Organisationen und Netzwerken wie dem BUND, World Wildlife Fund oder „___________ den Regenwald e.V.“ Eine dieser Jugendlichen ist Svenja. Sie _____________:

„Vor kurzem habe ich einen Artikel im ‚Regenwald Report‘ gelesen. Darin hat Christiane Zander über die Situation in Kenia geschrieben. Dort stirbt für unseren Bio-Sprit die Natur. Eine Million Rinder, Ziegen und Schafe weiden in den Auen des Tana-Deltas. Doch genau hier ist der Anbau von ___________________ geplant. 200 Quadratkilometer soll die erste industrielle Plantage ________________.

© Prof. Dr. Friedrich Schönweiss, Uni Münster • www.lernserver.de • Lernserver-Institut – Verlag für Bildungsmedien GmbH | Lernserver Individuelle Förderung

Name:

Doppeln oder dehnen? Lückendiktat ohne Ausnahmen (Seite 2)

Durch das Projekt würden 25.000 Menschen aus ihrer Heimat vertrieben und das vielfältige Zusammenleben von Tieren und Pflanzen zerstört. Außerdem hat der Tana-________ in der Trockenzeit gar nicht genug ____________ für die Zuckerrohr-Plantagen. Es sei denn, man leitet es ab – und ____________ die Bauern, die Hirten und Fischer auf dem Trockenen zurück."

Svenja weiß schon gut Bescheid, auch über die _____________, die in Kenia aktiv sind. „Da sind mindestens zwei weitere internationale Konzerne, die das fruchtbare Land unter Energiepflanzen für Agrosprit begraben wollen", erklärt sie. „Dort, wo Zuckerrohr angebaut werden soll, liegen 32 Dörfer, die um __________________ kämpfen."

Was ___________ geschehen? Svenja meint: „Es wäre gut, wenn das Tana-Delta Schutzgebiete bekäme. Es ist die ____________ unter anderem von 350 Vogelarten. Wie kann man das alles so einfach zerstören? Die Menschen, die auf diesem Land leben, brauchen ein Anhörungs- und Mitspracherecht. Dafür müssen die Konzerne in Europa sorgen, die in Kenia Geschäfte machen __________", fordert Svenja.

Aufgabe 2:

- Schau dir jetzt die Lösung an.
- Falls falsch geschriebene Wörter dabei sind, schreibst du sie noch einmal richtig auf.
- Wichtig: Überlege dir anhand der Regeln, *warum* deine Schreibweise nicht richtig war.

© Prof. Dr. Friedrich Schönweiss, Uni Münster • www.lernserver.de • Lernserver-Institut – Verlag für Bildungsmedien GmbH

Name:

Doppeln oder dehnen? Lückendiktat ohne Ausnahmen (Seite 1)

Aufgabe 1:

- Suche dir für diese Übung einen Lehrer.
- Gib ihm die Lösung und bitte ihn, den Text „Zerstörung eines Paradieses" Satz für Satz vorzulesen und am Ende eines Satzes die markierten Wörter zu wiederholen.
- Trage diese Wörter in die Lücken ein.
- Beachte:
  - Wörter mit *kurzem* Vokal werden hier durchgängig mit *Doppelkonsonanten* geschrieben.
  - Bei den Wörtern mit *langem* Vokal musst du die Regeln für das *Dehnungs-h* anwenden.
  - Ausnahmen kommen nicht vor.

Zerstörung eines Paradieses

Viele Jugendliche interessieren sich für Natur und Umwelt. Bei ______________, worüber sie sich für die Zukunft Sorgen machen, steht die Umweltzerstörung oft an einer der ersten ___________. Immer mehr Jugendliche sehen dabei auch über den sprichwörtlichen ________________. Unter anderem schauen sie auf die Länder der ________________ Dritten Welt, in denen natürliche ________________ für Menschen, Tiere und Pflanzen zunehmend bedroht sind und die Artenvielfalt ________________ ist, zum Beispiel in den kostbaren Regenwäldern. Daran sind wir Menschen in den Industriestaaten maßgeblich beteiligt; Stichwort: Bio-Sprit für Autos. Weil sie sich verantwortlich ___________ und weil sie Mitleid mit den ________________ Lebewesen haben, engagieren sich junge Menschen in _________________ und Netzwerken wie dem BUND, World Wildlife Fund oder „Rettet den Regenwald e.V." Eine dieser Jugendlichen ist Svenja. Sie ______________:

„Vor kurzem habe ich einen Artikel im ‚Regenwald Report' ____________. Darin hat Christiane Zander über die Situation in Kenia geschrieben. Dort stirbt für unseren Bio-Sprit die Natur. Eine Million Rinder, Ziegen und Schafe weiden in den Auen des Tana-Deltas. Doch genau hier ist der Anbau von _______________ geplant. 200 Quadratkilometer soll die erste ______________ Plantage ______________. Durch das Projekt würden 25.000 Menschen aus ihrer Heimat vertrieben und das vielfältige ____________________ von Tieren und Pflanzen zerstört.

© Prof. Dr. Friedrich Schönweiss, Uni Münster • www.lernserver.de • Lernserver-Institut – Verlag für Bildungsmedien GmbH
lernserver Individuelle Förderung

Name:

Doppeln oder dehnen? Lückendiktat ohne Ausnahmen (Seite 2)

Außerdem hat der Tana-Fluss in der ____________________ gar nicht genug Wasser für die Zuckerrohr-Plantagen. Es sei denn, man leitet es ab – und ___________ die Bauern, die Hirten und Fischer auf dem Trockenen zurück."

Svenja weiß schon gut Bescheid, auch über die __________________, die in Kenia aktiv sind. „Da sind mindestens zwei weitere internationale Konzerne, die das __________________ Land unter Energiepflanzen für Agrosprit ______________ wollen", erklärt sie. „Dort, wo Zuckerrohr angebaut werden soll, liegen 32 Dörfer, die um ihren ______________________ kämpfen."

Was _____________ geschehen? Svenja meint: „Es wäre gut, _________ das Tana-Delta Schutzgebiete ____________. Es ist die _____________ von 350 Vogelarten. Viele Amphibien- und Reptilienarten gibt es nur hier. Wie kann man das alles so einfach zerstören? Die Menschen, die auf diesem Land leben, brauchen ein Anhörungs- und Mitspracherecht. Dafür müssen die Konzerne in Europa sorgen, die in Kenia Geschäfte machen ______________", fordert Svenja.

Aufgabe 2:

- Schau dir jetzt die Lösung an.
- Falls falsch geschriebene Wörter dabei sind, schreibst du sie noch einmal richtig auf.
- Wichtig: Überlege dir anhand der Regeln, *warum* deine Schreibweise nicht richtig war.

____

____

____

____

____

© Prof. Dr. Friedrich Schönweiss, Uni Münster • www.lernserver.de • Lernserver-Institut – Verlag für Bildungsmedien GmbH

Name:

Doppeln oder dehnen? Lückendiktat ohne Ausnahmen (Seite 1)

Aufgabe 1:

- Suche dir für diese Übung einen Lehrer.
- Gib ihm die Lösung und bitte ihn, den Text „Zerstörung eines Paradieses“ Satz für Satz vorzulesen und am Ende eines Satzes die markierten Wörter zu wiederholen.
- Trage diese Wörter in die Lücken ein.
- Beachte: Ausnahmen kommen nicht vor.

Zerstörung eines Paradieses

Viele Jugendliche interessieren sich für ______________ und Umwelt. Bei Umfragen, ______________ sie sich für die Zukunft Sorgen machen, steht die Umweltzerstörung oft an einer der ersten ___________. Immer __________ Jugendliche sehen dabei auch über den sprichwörtlichen _________________. Unter anderem schauen sie auf die Länder der so _______________ Dritten Welt, in denen natürliche __________________ für Menschen, Tiere und Pflanzen ________________ bedroht sind und die Artenvielfalt ________________ ist, zum Beispiel in den _________________ Regenwäldern. Daran sind wir Menschen in den Industriestaaten maßgeblich beteiligt; Stichwort: Bio-Sprit für Autos. Weil sie sich verantwortlich ___________ und weil sie Mitleid mit den ___________________ Lebewesen haben, engagieren sich junge Menschen in __________________________ und Netzwerken wie dem BUND, World Wildlife Fund oder „Rettet den Regenwald e.V.“ Sie informieren sich im Internet, unterschreiben Aufrufe und beteiligen sich an ______________________________.
Eine dieser Jugendlichen ist Svenja. Sie _______________:
„Vor kurzem habe ich einen Artikel im ‚Regenwald Report' ______________. Darin hat Christiane Zander über die Situation in Kenia geschrieben. Dort stirbt für unseren Bio-Sprit die Natur. Eine Million Rinder, Ziegen und Schafe weiden in den Auen des Tana-Deltas. Doch genau hier ist der Anbau von ____________________ geplant. 200 ______________________________ soll die erste __________________ Plantage ____________________.

Das Gemeinschaftsprojekt von Kenias größtem Zuckerproduzenten Mumias und der halbstaatlichen Agentur TARDA wurde im Juni 2008 __________________.

© Prof. Dr. Friedrich Schönweiss, Uni Münster • www.lernserver.de • Lernserver-Institut – Verlag für Bildungsmedien GmbH

Name:

Doppeln oder dehnen? Lückendiktat ohne Ausnahmen (Seite 2)

Aber die Studien über die Umweltverträglichkeit des Projektes waren sehr mangelhaft und Umweltschützer ______________ es vorerst ______________. Durch das Projekt würden 25.000 Menschen aus ihrer Heimat vertrieben und das vielfältige ___________________________ von Tieren und Pflanzen zerstört. Außerdem hat der Tana-Fluss in der ______________________ gar nicht genug Wasser für die Zuckerrohr-Plantagen. Es sei denn, man leitet es ab – und ________ die Bauern, die Hirten und Fischer auf dem ________________ zurück."
Svenja weiß schon gut Bescheid, auch über die ____________________, die in Kenia aktiv sind. „Da sind mindestens zwei weitere internationale Konzerne, die das fruchtbare Land unter Energiepflanzen für Agrosprit ______________ wollen", erklärt sie. „Dort, wo Zuckerrohr angebaut werden soll, liegen 32 Dörfer, die um ihren ___________________ kämpfen."
Was ___________ geschehen? Svenja meint: „Es wäre gut, ___________ das Tana-Delta Schutzgebiete ______________. Es ist die ________________ von 350 Vogelarten. In den __________________ leben zwei der weltweit am meisten _______________ Primatenarten: der Tana-_______________________ und die Tana-Mangabe. Viele Amphibien- und Reptilienarten gibt es nur hier. Wie kann man das alles so einfach zerstören? Die Menschen, die auf diesem Land leben, brauchen ein Anhörungs- und Mitspracherecht. Dafür müssen die Konzerne in _______________ sorgen, die in Kenia Geschäfte machen wollen", fordert Svenja.

Aufgabe 2:
- Schau dir jetzt die Lösung an.
- Falls falsch geschriebene Wörter dabei sind, schreibst du sie noch einmal richtig auf.
- Wichtig: Überlege dir anhand der Regeln, *warum* deine Schreibweise nicht richtig war.

____

____

____

© Prof. Dr. Friedrich Schönweiss, Uni Münster • www.lernserver.de • Lernserver-Institut – Verlag für Bildungsmedien GmbH

Name:

Doppeln oder dehnen? Wortdiktat und Bingo mit Ausnahmen (Seite 1)

Dopplung oder Dehnung?

- Suche dir jemanden, der dir die Wörter mit Dehnungs-h diktieren kann (siehe Lösungsblatt).
- Schreibe diese Wörter in die Tabelle.
- Achtung:
    - Die Wörter ohne Dehnungs-h haben mal einen langen, mal einen kurzen Stammvokal.
    - Es kommen auch Ausnahmewörter vor!

Wörter mit Dehnungs-h	**Wörter ohne Dehnungs-h**	
	ohne Dehnungszeichen	**mit Doppelkonsonanten-buchstaben**

© Prof. Dr. Friedrich Schönweiss, Uni Münster • www.lernserver.de • Lernserver-Institut – Verlag für Bildungsmedien GmbH
lernserver Individuelle Förderung

Name:

Doppeln oder dehnen? Wortdiktat und Bingo mit Ausnahmen (Seite 2)

D-o-D-Bingo

- Suche dir 25 Wörter aus beiden Spalten der Tabelle aus und trage sie nach Belieben in das folgende Raster ein:

Spielt Bingo!

- Die Lehrperson ruft Wörter aus der Tabelle auf.
- Du suchst das jeweilige Wort in deinem Raster und markierst es, wenn du es findest.
- Wenn du eine Reihe (waagerecht, senkrecht oder diagonal) von vier Wörtern hast, rufst du: „Bingo!“
- Die Lehrperson kontrolliert die Reihe – einschließlich der Rechtschreibung.
- Vielleicht setzt sie einen Preis für den Gewinner aus?

© Prof. Dr. Friedrich Schönweiss, Uni Münster • www.lernserver.de • Lernserver-Institut – Verlag für Bildungsmedien GmbH

Name:

Doppeln oder dehnen? Wortdiktat und Bingo mit Ausnahmen (Seite 1)

Dopplung oder Dehnung?

- Suche dir jemanden, der dir eine Auswahl der Wörter mit Dehnungs-h diktieren kann (siehe Lösungsblatt).
- Schreibe diese Wörter in die Tabelle.
- Achtung:
    - Die Wörter ohne Dehnungs-h haben mal einen langen, mal einen kurzen Stammvokal.
    - Es kommen auch Ausnahmewörter vor!

Wörter mit Dehnungs-h	**Wörter ohne Dehnungs-h**	
	ohne Dehnungszeichen	**mit Doppelkonsonanten-buchstaben**

© Prof. Dr. Friedrich Schönweiss, Uni Münster • www.lernserver.de • Lernserver-Institut – Verlag für Bildungsmedien GmbH

Name:

Doppeln oder dehnen? Wortdiktat und Bingo mit Ausnahmen (Seite 2)

D-o-D-Bingo

– Suche dir 25 Wörter aus beiden Spalten der Tabelle aus und trage sie nach Belieben in das folgende Raster ein:

Spielt Bingo!

– Die Lehrperson ruft Wörter aus der Tabelle auf.
– Du suchst das jeweilige Wort in deinem Raster und markierst es, wenn du es findest.
– Wenn du eine Reihe (waagerecht, senkrecht oder diagonal) von vier Wörtern hast, rufst du: „Bingo!“
– Die Lehrperson kontrolliert die Reihe – einschließlich der Rechtschreibung.
– Vielleicht setzt sie einen Preis für den Gewinner aus?

© Prof. Dr. Friedrich Schönweiss, Uni Münster • www.lernserver.de • Lernserver-Institut – Verlag für Bildungsmedien GmbH

Name:

Doppeln oder dehnen? Wortdiktat und Bingo mit Ausnahmen (Seite 1)

Dopplung oder Dehnung?

- Suche dir jemanden, der dir eine Auswahl der Wörter mit Dehnungs-h diktieren kann (siehe Lösungsblatt).
- Schreibe diese Wörter in die Tabelle.
- Achtung:
    - Die Wörter ohne Dehnungs-h haben mal einen langen, mal einen kurzen Stammvokal.
    - Es kommen auch Ausnahmewörter vor!

Wörter mit Dehnungs-h	Wörter ohne Dehnungs-h	
	ohne Dehnungszeichen	mit Doppelkonsonanten-buchstaben

© Prof. Dr. Friedrich Schönweiss, Uni Münster • www.lernserver.de • Lernserver-Institut – Verlag für Bildungsmedien GmbH

Name:

Doppeln oder dehnen? Wortdiktat und Bingo mit Ausnahmen (Seite 2)

D-o-D-Bingo

– Suche dir 25 Wörter aus beiden Spalten der Tabelle aus und trage sie nach Belieben in das folgende Raster ein:

Spielt Bingo!

– Die Lehrperson ruft Wörter aus der Tabelle auf.

– Du suchst das jeweilige Wort in deinem Raster und markierst es, wenn du es findest.

– Wenn du eine Reihe (waagerecht, senkrecht oder diagonal) von vier Wörtern hast, rufst du: „Bingo!“

– Die Lehrperson kontrolliert die Reihe – einschließlich der Rechtschreibung.

– Vielleicht setzt sie einen Preis für den Gewinner aus?

© Prof. Dr. Friedrich Schönweiss, Uni Münster • www.lernserver.de • Lernserver-Institut – Verlag für Bildungsmedien GmbH

Name:

Informeller Abschlusstest (Seite 1)

Hier kannst du dein Können überprüfen. Lass dir den Lückentext diktieren.

- Wenn du bei einem Wort unsicher bist, unterringelst du es mit Bleistift.
- Schau es dir am Ende des Lückendiktats noch einmal an.
- Wiederhole dabei in Gedanken die Regeln, die du gelernt hast, und überlege, welche Schreibung möglich ist.

„Europameister" aus Oberfranken

Der Fußball überwindet Grenzen zwischen Völkern und Sprachen. Diese ________________ machen seit acht ___________ junge Deutsche und Tschechen im bayerischen Hof. Und so fing es an:

Ein kleines oberfränkisches Dorf in der Nähe der tschechischen Grenze _________ sich allein nicht in der Lage, einen eigenen ______________________ zu unterhalten. Genauso erging es einem Nachbardorf auf der anderen Seite. Die ____________: Sie taten sich zusammen und gründeten die Deutsch-Tschechische ____________________. Menschen verschiedener Herkunft und auch ______________ Schichten ______________ über die „Sprache" des Fußballs einander verstehen und sich miteinander verbinden. Sie lernen ______________ Fußballspielen und werden echte „Europameister", denn sie überwinden _____________ und tragen auf kleinem _________ zum Zusammenwachsen _____________ bei.

___________ wir einige Stimmen zu dem Pilotprojekt!

Antek: „Nach dem Training und einer kleinen Pause tragen wir gemeinsam die _______ auf den Platz. Dann können wir _________ ein echtes Fußballmatch austragen."

Bernhard: „Unser Sprachunterricht ist keine Quälerei. Er findet bei _______________ Wetter am Spielfeldrand statt. Tereza legt Kärtchen aus und fragt uns zum Beispiel, was ‚______________' auf Tschechisch heißt."

Christian: „Ich habe im vergangenen Jahrzehnt miterlebt, wie __________ es ist, wenn einstmals getrennte Völker zusammenwachsen sollen. Als ich in Hof studierte, _______ ich auf die Idee mit der ___________________."

© Prof. Dr. Friedrich Schönweiss, Uni Münster • www.lernserver.de • Lernserver-Institut – Verlag für Bildungsmedien GmbH
Lernserver Individuelle Förderung

Name:

Informeller Abschlusstest (Seite 2)

Daniel: „Ich _____ auch an der Universität in Hof. Ich denke, bei Europa geht es nicht ______ um __________________________ Nutzen. Das Zwischenmenschliche muss sich entwickeln."

Emilia: „Ich war das erste Mädchen auf der Fußballschule. Inzwischen kommen immer ________ dazu."

Frantek: „Früher dachte ich, die Deutschen sind ______________. Jetzt kenne ich aber viele, die sehr ________ sind und nicht prahlerisch."

Gerald: „Auf dem Platz _________ nicht, woher du kommst. Es kommt nur darauf an, wie du spielst. Und vieles kann man mit Händen und Füßen ___________."

Heino: „Frantek ist mein Freund. Er ist nicht ____________________ und er klaut nicht. Genau so etwas hatte man mir aber ___________ über die Tschechen erzählt."

Ingo: „Vorurteile werden an die nächste Generation weitergegeben, _______________ sie jeder _____________________ entbehren."

Jan: „Der Fußball __________ uns zusammen, denn er ist der Lieblingssport der Deutschen und der Tschechen."

Klaus: „Seit 2008 bin ich Hilfstrainer. Wir __________ die Kinder das Fußballspielen und nebenher die Sprache ihres ________________."

Lukás: „Wenn unser Kleinbus mal im Stau steht, ________________ mein Freund Dennis meine Anwesenheit. Er hat viel ___________ und wir sind öfter Übungspartner im Training."

Martin: „Das meiste Tschechisch habe ich nicht im ________________________ gelernt, sondern auf dem Spielfeld."

Nikolas: „Die Fußballschule ist ein ________________________ für begabte Spieler aus beiden Ländern. _________ sie hätten wir in dieser Region kaum Möglichkeiten, unsere Fähigkeiten auszubauen."

Otto: „Wir arbeiten mit dem 1. FC Nürnberg und dem FC Bayern zusammen. Das garantiert Ausbildung von höchster ______________."

Pavel: „Meine Eltern ___________ fast 100 Kilometer ___________ in Kauf, damit ich hier trainieren kann. Ich will mal so ________________ werden wie Pavel Nedved, unser großer Nationalspieler."

Quentin: „Ich weiß jetzt, was ‚Schwalbe' auf Tschechisch heißt – simulovaní. ______________ Wort, nicht?"

© Prof. Dr. Friedrich Schönweiss, Uni Münster • www.lernserver.de • Lernserver-Institut – Verlag für Bildungsmedien GmbH

Name:

Informeller Abschlusstest (Seite 3)

Robert: „Es macht ________, die kleine ____________________________ zu trainieren. Gerald und ich haben sie _______ im Griff.“

Sebastian: „Letzten _____________ sind wir zu einem Trainingscamp nach Prag gefahren. Das war _______________!“

Tereza: „Ich kann dieses Programm nur ___________________, bei dem die Kinder die sprachlichen Grundlagen für den Austausch im Alltag ________________.“

Urban: „Am Anfang war es _______________, wenn unsere gemischte Mannschaft sich eine Niederlage _______________. Dann sagten die Tschechen, die Deutschen seien schuld. Und die Deutschen ___________________ sich über die Tschechen.“

Valentin: „Wir können ___________________ zusammen spielen und zusammen gewinnen.“

Walter: „Wenn die Eltern zu ______________ sind, verlieren sie das Ziel der Völkerverständigung schon mal aus den Augen.“

Xaver: „Es ist ____________, dass unser Training auf beide Grenzgebiete verteilt ist. Im Winter ist der _________________ Kunstrasenplatz in Franzensbad die bessere __________ im Vergleich zu den deutschen Sportplätzen.“

Yvonne: „Mein Jüngster spielt in der ‚__________________ Europa’ mit. Wenn wir am Spielfeldrand stehen, _____________ wir, dass manche Väter das Spiel auf dem ____________ Rasen ernster nehmen als ihre _____________.“

Zoran: „Wir waren _____________ mal beim Bundespräsidenten eingeladen. Er hat unsere Erfolge mit einer Auszeichnung ______________ und im Schlosspark mit uns _____________.“

Die _________________________ finanziert sich aus Mitgliedsbeiträgen der Eltern und Geldern der EU. Für ____________________ Turniere und Camps werden die Eltern ________________ um Unterstützung gebeten, aber es gibt auch einen Sozialfonds für die ______________ Reichen.

Der UEFA-Präsident Platini hat Recht:
„Unseren Jüngsten ist Rassismus ____________.
Sie sind offen und neugierig auf die Begegnung mit anderen _________________.“

© Prof. Dr. Friedrich Schönweiss, Uni Münster • www.lernserver.de • Lernserver-Institut – Verlag für Bildungsmedien GmbH
lernserver Individuelle Förderung

Name:

Informeller Abschlusstest (Seite 1)

Hier kannst du dein Können überprüfen. Lass dir den Lückentext diktieren.

- Wenn du bei einem Wort unsicher bist, unterringelst du es mit Bleistift.
- Schau es dir am Ende des Lückendiktats noch einmal an.
- Wiederhole dabei in Gedanken die Regeln, die du gelernt hast, und überlege, welche Schreibung möglich ist.

„Europameister“ aus Oberfranken

Der Fußball überwindet Grenzen zwischen Völkern und Sprachen. Diese ________________ machen seit acht ___________ junge Deutsche und Tschechen im bayerischen Hof. Und so fing es an:

Ein kleines oberfränkisches Dorf in der Nähe der tschechischen Grenze _________ sich allein nicht in der Lage, einen eigenen ______________________ zu unterhalten. Genauso erging es einem Nachbardorf auf der anderen Seite. Die ____________: Sie taten sich zusammen und gründeten die Deutsch-Tschechische _____________________. Menschen verschiedener Herkunft und auch ______________ Schichten _____________ über die „Sprache“ des Fußballs einander verstehen und sich miteinander verbinden. Sie lernen ______________ Fußballspielen und werden echte „Europameister“, denn sie überwinden ______________ und tragen auf kleinem _________ zum Zusammenwachsen _____________ bei.

__________ wir ____________ Stimmen zu dem Pilotprojekt!

Antek: „Nach dem Training und einer kleinen Pause tragen wir gemeinsam die _____ auf den Platz. Dann können wir _________ ein echtes Fußballmatch austragen.“
Bernhard: „Unser Sprachunterricht ist keine _______________. Er findet bei _______________ Wetter am Spielfeldrand statt. Tereza legt _______________ aus und fragt uns zum Beispiel, was ‚______________’ auf Tschechisch heißt.“
Christian: „Ich habe im vergangenen ___________________ miterlebt, wie __________ es ist, wenn einstmals getrennte Völker zusammenwachsen sollen. Als ich in Hof studierte, _______ ich auf die Idee mit der ____________________.“

© Prof. Dr. Friedrich Schönweiss, Uni Münster • www.lernserver.de • Lernserver-Institut – Verlag für Bildungsmedien GmbH

Name:

Informeller Abschlusstest (Seite 2)

Daniel: „Ich _____ auch an der Universität in Hof. Ich denke, bei Europa geht es nicht ______ um ________________________ Nutzen. Das Zwischenmenschliche muss sich ________________."

Emilia: „Ich war das erste Mädchen auf der Fußballschule. Inzwischen kommen immer _______ dazu."

Frantek: „Früher dachte ich, die Deutschen sind ______________. Jetzt kenne ich aber viele, die sehr ________ sind und nicht prahlerisch."

Gerald: „Auf dem Platz _________ nicht, woher du kommst. Es kommt nur darauf an, wie du spielst. Und vieles kann man mit Händen und Füßen ___________."

Heino: „Frantek ist mein Freund. Er ist nicht ____________________ und er klaut nicht. Genau so etwas hatte man mir aber ___________ über die Tschechen ________________."

Ingo: „Vorurteile werden an die nächste Generation weitergegeben, ______________ sie jeder Grundlage ___________________."

Jan: „Der Fußball __________ uns zusammen, denn er ist der Lieblingssport der Deutschen und der Tschechen."

Klaus: „Seit 2008 bin ich Hilfstrainer. Wir __________ die Kinder das Fußballspielen und nebenher die Sprache ihres _______________."

Lukás: „Wenn unser Kleinbus mal im Stau steht, ________________ mein Freund Dennis meine Anwesenheit. Er hat viel ___________ und wir sind öfter Übungspartner im Training."

Martin: „Das meiste Tschechisch habe ich nicht im ________________________ gelernt, sondern auf dem Spielfeld."

Nikolas: „Die Fußballschule ist ein ________________________ für begabte Spieler aus beiden Ländern. _________ sie hätten wir in dieser ______________ kaum Möglichkeiten, unsere Fähigkeiten auszubauen."

Otto: „Wir arbeiten mit dem 1. FC Nürnberg und dem FC Bayern zusammen. Das garantiert _____________________ von höchster ______________."

Pavel: „Meine Eltern ___________ fast 100 Kilometer ___________ in Kauf, damit ich hier trainieren kann. Ich will mal so _______________ werden wie Pavel Nedved, unser großer Nationalspieler."

Quentin: „Ich weiß jetzt, was ‚Schwalbe' auf Tschechisch heißt – simulovaní. ______________ Wort, nicht?"

© Prof. Dr. Friedrich Schönweiss, Uni Münster • www.lernserver.de • Lernserver-Institut – Verlag für Bildungsmedien GmbH

Name:

Informeller Abschlusstest (Seite 3)

Robert: „Es macht ________, die kleine ____________________________ zu trainieren. Gerald und ich haben sie _______ im Griff.“

Sebastian: „Letzten ______________ sind wir zu einem Trainingscamp nach Prag gefahren. Das war ______________!“

Tereza: „Ich kann dieses Programm nur ____________________, bei dem die Kinder die sprachlichen Grundlagen für den Austausch im Alltag ________________.“

Urban: „Am Anfang war es ________________, wenn unsere gemischte Mannschaft sich eine Niederlage ________________. Dann sagten die Tschechen, die Deutschen seien schuld. Und die Deutschen ____________________ sich über die Tschechen.“

Valentin: „Wir können ____________________ zusammen spielen und zusammen gewinnen.“

Walter: „Wenn die Eltern zu _______________ sind, verlieren sie das Ziel der Völkerverständigung schon mal aus den Augen.“

Xaver: „Es ist ____________, dass unser Training auf beide Grenzgebiete verteilt ist. Im Winter ist der __________________ Kunstrasenplatz in Franzensbad die bessere __________ im Vergleich zu den deutschen Sportplätzen.“

Yvonne: „Mein Jüngster spielt in der ‚____________________ Europa‘ mit. Wenn wir am Spielfeldrand stehen, ______________ wir, dass manche Väter das Spiel auf dem _____________ Rasen ernster nehmen als ihre ______________.“

Zoran: „Wir waren ______________ mal beim Bundespräsidenten eingeladen. Er hat unsere Erfolge mit einer Auszeichnung _______________ und im Schlosspark mit uns ______________.“

Die __________________________ finanziert sich aus Mitgliedsbeiträgen der Eltern und Geldern der EU. Für ______________________ Turniere und Camps werden die Eltern _________________ um Unterstützung gebeten, aber es gibt auch einen Sozialfonds für die _______________ Reichen.

Der UEFA-Präsident Platini hat Recht:
„Unseren Jüngsten ist Rassismus _____________.
Sie sind offen und neugierig auf die Begegnung
mit anderen _________________.“

© Prof. Dr. Friedrich Schönweiss, Uni Münster • www.lernserver.de • Lernserver-Institut – Verlag für Bildungsmedien GmbH

Name:

Informeller Abschlusstest (Seite 1)

Hier kannst du dein Können überprüfen. Lass dir den Lückentext diktieren.

- Wenn du bei einem Wort unsicher bist, unterringelst du es mit Bleistift.
- Schau es dir am Ende des Lückendiktats noch einmal an.
- Wiederhole dabei in Gedanken die Regeln, die du gelernt hast, und überlege, welche Schreibung möglich ist.

„Europameister" aus Oberfranken

Der Fußball überwindet Grenzen zwischen Völkern und Sprachen. Diese __________________ machen seit acht ____________ junge Deutsche und Tschechen im bayerischen Hof. Und so fing es an:

Ein kleines oberfränkisches Dorf in der Nähe der tschechischen Grenze __________ sich allein nicht in der _________, einen eigenen _________________________ zu unterhalten. Genauso erging es einem _____________________ auf der anderen Seite. Die _____________: Sie __________ sich zusammen und gründeten die Deutsch-Tschechische _______________________. Menschen verschiedener Herkunft und auch _____________ Schichten ______________ über die „Sprache" des Fußballs einander verstehen und sich miteinander verbinden. Sie lernen _______________ Fußballspielen und werden echte „Europameister", denn sie überwinden _______________ und tragen auf kleinem __________ zum Zusammenwachsen ______________ bei.

___________ wir _____________ Stimmen zu dem Pilotprojekt!

Antek: „Nach dem Training und einer kleinen Pause tragen wir gemeinsam die ______ auf den ___________. Dann können wir __________ ein echtes Fußballmatch austragen."

Bernhard: „Unser Sprachunterricht ist keine _________________. Er findet bei ________________ Wetter am Spielfeldrand statt. Tereza legt ________________ aus und fragt uns zum Beispiel, was ‚_______________' auf Tschechisch heißt."

Christian: „Ich habe im vergangenen ____________________ miterlebt, wie ___________ es ist, wenn einstmals _______________ Völker zusammenwachsen _____________. Als ich in Hof studierte, _______ ich auf die Idee mit der ______________________."

© Prof. Dr. Friedrich Schönweiss, Uni Münster • www.lernserver.de • Lernserver-Institut – Verlag für Bildungsmedien GmbH

Name:

Informeller Abschlusstest (Seite 2)

Daniel: „Ich _____ auch an der Universität in Hof. Ich denke, bei Europa geht es nicht ______ um _________________________ Nutzen. Das Zwischenmenschliche muss sich ________________."

Emilia: „Ich war das erste Mädchen auf der Fußballschule. Inzwischen kommen immer _______ dazu."

Frantek: „Früher dachte ich, die Deutschen sind ______________. Jetzt _________ ich aber viele, die sehr ________ sind und nicht _____________________."

Gerald: „Auf dem Platz _________ nicht, woher du kommst. Es kommt nur darauf an, wie du spielst. Und vieles kann man mit Händen und Füßen ___________."

Heino: „Frantek ist mein Freund. Er ist nicht ____________________ und er klaut nicht. Genau so etwas hatte man mir aber ___________ über die Tschechen ________________."

Ingo: „__________________ werden an die nächste __________________ weitergegeben, _______________ sie jeder Grundlage __________________."

Jan: „Der Fußball __________ uns zusammen, denn er ist der Lieblingssport der Deutschen und der Tschechen."

Klaus: „Seit 2008 bin ich Hilfstrainer. Wir __________ die Kinder das Fußballspielen und _______________ die Sprache ihres ________________."

Lukás: „Wenn unser Kleinbus mal im Stau steht, ________________ mein Freund Dennis meine Anwesenheit. Er hat viel ___________ und wir sind öfter Übungspartner im Training."

Martin: „Das meiste Tschechisch habe ich nicht im ________________________ gelernt, sondern auf dem Spielfeld."

Nikolas: „Die Fußballschule ist ein ________________________ für _____________ Spieler aus beiden Ländern. _________ sie hätten wir in dieser ______________ kaum Möglichkeiten, unsere Fähigkeiten auszubauen."

Otto: „Wir arbeiten mit dem 1. FC Nürnberg und dem FC Bayern zusammen. Das garantiert ______________________ von höchster ______________."

Pavel: „Meine Eltern ___________ fast 100 Kilometer ___________ in Kauf, damit ich hier trainieren kann. Ich will mal so ________________ werden wie Pavel Nedved, unser großer _________________________."

Quentin: „Ich weiß jetzt, was ‚Schwalbe' auf Tschechisch heißt – simulovaní. ______________ Wort, nicht?"

© Prof. Dr. Friedrich Schönweiss, Uni Münster • www.lernserver.de • Lernserver-Institut – Verlag für Bildungsmedien GmbH

Name:

Informeller Abschlusstest (Seite 3)

Robert: „Es macht ________, die kleine __________________________ zu trainieren. Gerald und ich haben sie _______ im Griff.“

Sebastian: „Letzten _____________ sind wir zu einem Trainingscamp nach Prag gefahren. Das war ______________!“

Tereza: „Ich kann ein Programm ____________________, mit dem die Kinder Grundlagen für den Austausch im Alltag ________________.“

Urban: „Am Anfang war es _______________, wenn unsere gemischte Mannschaft sich eine Niederlage _______________. Dann sagten die Tschechen, die Deutschen seien schuld. Und die Deutschen ___________________ sich über die Tschechen.“

Valentin: „Wir können ___________________ zusammen spielen und zusammen gewinnen.“

Walter: „Wenn die Eltern zu ______________ sind, verlieren sie das Ziel der __________________________ schon mal aus den Augen.“

Xaver: „Es ist ___________, dass unser Training auf beide Grenzgebiete verteilt ist. Im Winter ist der _________________ Kunstrasenplatz in Franzensbad die _______________ __________ im Vergleich zu den deutschen ______________________.“

Yvonne: „Mein Jüngster spielt in der ‚___________________ Europa‘ mit. Wenn wir am Spielfeldrand stehen, _____________ wir, dass manche Väter das Spiel auf dem ____________ Rasen ernster nehmen als ihre _____________.“

Zoran: „Wir waren _____________ mal beim Bundespräsidenten eingeladen. Er hat unsere Erfolge mit einer Auszeichnung ______________ und im _______________ mit uns ______________.“

Die ________________________ finanziert sich aus Mitgliedsbeiträgen der Eltern und Geldern der EU. Für ____________________ Turniere und Camps werden die Eltern ________________ um Unterstützung gebeten, aber es gibt auch einen Sozialfonds für die ______________ Reichen.

Der UEFA-Präsident Platini hat Recht:
„Unseren Jüngsten ist Rassismus ____________.
Sie sind offen und neugierig auf die Begegnung
mit anderen ________________.“

© Prof. Dr. Friedrich Schönweiss, Uni Münster • www.lernserver.de • Lernserver-Institut – Verlag für Bildungsmedien GmbH

Lösungen zum Dehnungs-h

Problemerkennung und Lösung: Unhörbares Dehnungs-h

Hinweis für den Lehrenden:
Das Dehnungs-h fungiert als Zeichen für die *Länge* eines *betonten* Vokals oder Umlauts (für „i" gilt eine Sonderregelung). Das Dehnungs-h steht aber nur dann nach einem betonten Vokal, wenn ein l, m, n oder r als *Einzel*laut folgt: Fêh**l**er, lâh**m**, Hûh**n**, bûh**l**en; aber: E̲**rd**e mit *zwei* postvokalischen Konsonanten.

Die l-m-n-r-Regel ist eine „Kann"-Regel. Das heißt, dass sie nicht auf alle Wörter zutrifft, die ein postvokalisches l, m, n und r haben, und dass deswegen einiges an Ausnahmen gelernt werden muss. Andererseits wird den Schülern durch diese Regel eine nicht zu unterschätzende Sicherheit vermittelt: Da das Dehnungs-h *nur* vor diesen bestimmten vier Konsonanten stehen *kann*, darf es vor allen anderen Konsonanten *nicht* geschrieben werden (vgl. Hut, lesen, sagen usw.).

Das Dehnungs-h ist ein häufiges Längezeichen und als Prinzip für das Deutsche typisch. In Fremdwörtern kommt es nie vor.

Die Wörter in den Listen haben einige gemeinsame Merkmale.
Diese Merkmale können dir helfen, eine Rechtschreibhilfe zu finden.

âh**n**en	Hâh**n**	kâh**l**
dêh**n**en	Stûh**l**	sêh**r**
fâh**r**en	Jâh**r**	mêh**l**ig
fêh**l**en	Lêh**m**	wâh**r**
fûh**r**en	Lêh**r**er	wôh**l**
gâh**n**en	Kûh**l**e	zêh**n**
nêh**m**en	Kôh**l**e	lâh**m**
wâh**l**en	Ôh**r**	kûh**n**
wôh**n**en	Rûh**m**	îh**n**en
wûh**l**en	Sôh**n**	zâh**m**
zâh**m**en	Ûh**r**	fâh**l**
sêh**n**en	Zâh**l**	mêh**r**

Entdecke die gemeinsamen Merkmale:

1. Alle Wörter enthalten einen *unhörbaren* Buchstaben. Welchen? **h**
2. Markiere den betonten Vokal mit ^, z.B. âhnen. **Antwort: Siehe Kästen!**
3. Prüfe, ob dieser Vokal kurz oder lang gesprochen wird.
   Ergebnis: Der betonte Vokal in den Wörtern wird immer **lang** gesprochen.
4. Markiere den Konsonanten farbig, der hinter dem *unhörbaren* Buchstaben steht, z.B. âh**n**en.
   Was fällt dir auf? – Auf den „unhörbaren Buchstaben" folgt entweder ein **l**, **m**, **n** oder **r**.

Ergänze nun den Merksatz, der dir bei der Rechtschreibung helfen kann:

Das unhörbare Dehnungs-**h** ist ein zusätzliches Dehnungszeichen, das dem Leser zeigt, dass er den betonten Vokal davor ***lang*** sprechen muss.
Ein Dehnungs-h steht nur nach einem **langen** **betonten** Vokal, wenn danach ein **l**, **m**, **n** oder **r** folgt.

© Prof. Dr. Friedrich Schönweiss, Uni Münster • www.lernserver.de • Lernserver-Institut – Verlag für Bildungsmedien GmbH

Vertiefen der erworbenen Kenntnisse

Aufgabe 2: Im Text sind 32 Wörter unterstrichen.
- Diktiert euch abwechselnd 16 Wörter und tragt sie in die Tabelle ein.
- Prüft, ob ihr richtig geschrieben habt.

-hl	-hm	-hn	-hr
Zahl	nehmen	wohnen	Jahren
Mahlzeiten	Ruhm	fünfzehn	ihr
kühlen	Lehm	Bohnen	ernähren
Mehl	erlahmen	ahnen	Gefahr
wühlen		ähnliche	berührt
wohl		Hahn	Ehre
stehlen		Sehnsucht	ungefähr
fehlt			führt
Stuhl			mehr
fühlen			Lehrerin
			geführt

Aufgabe 3: Die folgenden Wörter haben im Text je einen Verwandten.
- Schreibt sie als Wortpaare in euer Heft.
- Beispiel: Diebstahl → stehlen

Diebstahl	**stehlen**
zählen	**Zahl**
Lähmung	**erlahmen**
Hähnchen	**Hahn**
gefährlich	**Gefahr**
Fehler	**fehlt**
lehmig	**Lehm**
sehnsüchtig	**Sehnsucht**
verehren	**Ehre**
Gewühl	**wühlen**
berühmt	**Ruhm**
wohnlich	**wohnen**
Berührung	**berührt**

© Prof. Dr. Friedrich Schönweiss, Uni Münster • www.lernserver.de • Lernserver-Institut – Verlag für Bildungsmedien GmbH
lernserver Individuelle Förderung

Anwenden der l-m-n-r-Regel

Hinweis für den Lehrenden:
Die Regel, dass nur dann ein Dehnungs-h stehen kann, wenn nach einem langen betonten Vokal ein l, m, n oder r zu hören ist, hilft bei der Entscheidungsfindung. Die Schüler müssen sich hier nur auf das Phänomen „Dehnungs-h vor l, m, n oder r" konzentrieren.

Diese Übung ist superleicht!
Setze den eingeklammerten Buchstaben ein und überlege, ob zusätzlich ein „h" nach dem langen Vokal nötig ist.

In hohem Gra**s** muss man sich vor Zecken in Acht nehmen. (s)	**Gras**
Sag die Wa**hr**heit! (r)	**Wahrheit**
Für Optimisten ist das Gla**s** stets halbvoll und nicht halbleer. (s)	**Glas**
Die Rehe im Wildgehege sind za**hm**. (m)	**zahm**
Wir fahren mit den Rä**d**ern zum Zelten. (d)	**Rädern**
Das Wort Gemü**s**e kommt von Mu**s**. (s)	**Gemüse, Mus**
Im Wiesengrund ist es kü**hl** und feucht. (l)	**kühl**
Wegen des Attentats hängen die Fa**hn**en auf Halbmast. (n)	**Fahnen**
Löwen liegen gerne in Ku**hl**en aus Sand. (l)	**Kuhlen**
Zum Grillen braucht man eine vernünftige Glu**t**. (t)	**Glut**
Erfolg ist der Mühe Lo**hn**.(n)	**Lohn**
Theo wird wegen jeder Kleinigkeit furchtbar wü**t**end. (t)	**wütend**
Liebst du mich nicht me**hr**? (r)	**mehr**
Da guckte er in die Rö**hr**e. (r)	**Röhre**
Viel Bewe**g**ung an frischer Luft ist gesund. (g)	**Bewegung**
Sabrinas neues Piercing im Na**b**el schockierte ihre Eltern. (b)	**Nabel**

© Prof. Dr. Friedrich Schönweiss, Uni Münster • www.lernserver.de • Lernserver-Institut – Verlag für Bildungsmedien GmbH

Erkenntnis: h weder nach Zwielauten noch in Vor- und Nachsilben

Hinweis für den Lehrenden:

1. Diphthonge (Zwielaute) werden weder besonders lang noch besonders kurz gesprochen. Es gilt jedoch, dass nach ihnen weder ein Dehnungszeichen noch ein gedoppelter Konsonant vorkommen kann.
2. In Vor- und Nachsilben steht *nie* ein Dehnungszeichen. (Bei den Nachsilben kommt als Grund noch dazu, dass diese nicht betont sind.)

Diese Zusatzregeln helfen schnell bei der Entscheidung „Dehnungs-h ja oder nein?“ und sollen mithilfe der Wortliste vom Schüler selbstständig erkannt werden.

Die Wörter in der Wortliste 1 enthalten alle einen **Zwielaut** in der betonten Silbe.

Die Wörter in der Wortliste 2 enthalten alle einen langen Vokal in einer **Vorsilbe** oder **Nachsilbe**.

Zusatzregel: Nach **Zwielauten** sowie in **Vorsilben** und **Nachsilben** steht nie ein Dehnungs-h.

© Prof. Dr. Friedrich Schönweiss, Uni Münster • www.lernserver.de • Lernserver-Institut – Verlag für Bildungsmedien GmbH

Festigen der Grundregel und Zusatzregel (Seite 1)

Hinweis für den Lehrenden:

1. Die Schüler lesen den Text „Jungfräuliche Monster“ und sprechen evtl. über den Inhalt.
2. Die Schüler bearbeiten Aufgabe 2a.
3. Die Ergebnisse von 2a werden kontrolliert und ergänzt (Lehrkraft liest vor).
4. Die Lehrkraft diktiert Wortverwandte und Komposita (Aufgabe 2c; Wortverwandte siehe Tabelle weiter unten). Die Schüler ordnen sie passend in die Tabelle ein.
5. Schüler kontrollieren ihre Schreibungen und markieren das Dehnungs-h farbig.

Aufgaben 3 und 4 entsprechend.

„Jungfräuliche Monster“ – was ist das denn?

Ein **ungewöhnlicher** Anblick: Auf dem **berühmten** Alexanderplatz in Berlin steht an **mehreren** Wochenenden ein mobiles Theater, ein altertümlicher Kleinbus mit Essensausgabe. Künstlerinnen aus den Bereichen Rockmusik und Schauspiel erscheinen in verrückten Kostümen und ziehen mit **Fähnchen** und auffälligen Plakaten die Blicke auf sich. Auch Sketche und Songs **verfehlen ihre** Wirkung nicht. Die Frauen sprechen junge Passanten an und laden sie in ihre **fahrbare** Suppenküche ein. Letzten Samstag gab's **Möhreneintopf**.
Ohne große Umschweife kommen die Künstlerinnen mit den Jugendlichen ins Gespräch – über ihre Situation, über ihre **wahren** Probleme, vor allem über **Erfahrungen** mit Armut in **ihrer** Lebenswelt und über **Gefühle** der Angst, Wut und Hoffnung.
„The Poor Maiden Monsters“ nennt sich dieses Musik-Theater-Projekt, das sich das Junge Deutsche Theater in Berlin für dieses **Jahr** ausgedacht hat. Die Rockband „Maiden Monsters“ und die Gruppe „one hit wonder“ haben ihre Vorstellungen dazu entwickelt und wirken aktiv mit.

Das Ganze ist kein Selbstzweck. Was die „jungfräulichen Monster“ erleben, fließt in Theateraktionen ein, um in der Öffentlichkeit auf Schicksale und Ausprägungen sozialer Not aufmerksam zu machen. Vor allem wollen sie jedoch Ideen zum Kampf gegen die **zunehmende** Armut und das **Aushöhlen** des Sozialstaats entwickeln. Die entstandenen Szenen und Musikstücke bringen sie auf die früher so **vornehme** **Theaterbühne** in der Schumannstraße. Die „Armuts-Revue“ soll **berühren** und **aufrührerisch** sein.

„Raus und rein“, nennt die Projektleiterin die Vorgehensweise dieses „Theater Mobil“. Zunächst verlassen die Künstlerinnen das Theater und diskutieren gemeinsam mit Jugendlichen über Armut und **gefährdete** Zukunft. Auf Schulhöfen und vor Jugendzentren hält das **Theaterfahrzeug** ebenfalls. Auch die Berliner „Tafel“ bietet einen passenden **Rahmen** für die künstlerische Feldforschung. Dann **kehren** alle zurück zu den „Brettern, die die Welt bedeuten“. Sie verarbeiten ihre Recherchen mit den Mitteln des Theaters und inszenieren es für ein größeres Publikum – ein **sehr** zeitgemäßes politisches Theater!

Dieses Gesamtkunstwerk fand die Kulturstiftung des Bundes so vorbildlich, dass sie den Projektträger mit einer Finanzspritze aus dem Fonds „Heimspiel“ **belohnt** hat.

Fett: Wörter mit Dehnungs-h
Unterstrichen: Wörter mit langem Vokal ohne Dehnungs-h – bei Vor- oder Nachsilben und nach Zwielauten
Fett und unterstrichen: Wörter, die in beide Gruppen passen: fahr-bar; vor-nehm

Liste mit Textwörtern und Wortverwandten – Aufgabe 2:

ungewöhnlich	gewöhnlich, ungewohnt, verwöhnen, Gewohnheit
berühmt	sich rühmen, Berühmtheit, unrühmlich, ruhmreich
mehreren	vermehren, Mehrheit, mehrheitlich, Vermehrung
Fähnchen	Fahne, Fahnenstange, Vereinsfahne, Fähnrich
verfehlen	Fehler, Verfehlung, fehlerhaft, unfehlbar
ihre	ihr, ihnen, ihn, ihm
ihrer	

© Prof. Dr. Friedrich Schönweiss, Uni Münster • www.lernserver.de • Lernserver-Institut – Verlag für Bildungsmedien GmbH

Festigen der Grundregel und Zusatzregel (Seite 2)

fahrbare	fahren, verfahren, fahrig, Vorfahrt
Theaterfahrzeug	Fahrzeug, Gefährt, Gefährte, Fähre
Möhreneintopf	Möhre, Möhrchen, Möhrengemüse, Babymöhre
ohne	ohnehin
wahren	unwahr, Wahrheit, wahrlich, bewahren
Erfahrungen	erfahren, unerfahren, Vorerfahrung, Erfahrungswert
Gefühle	anfühlen, fühlbar, feinfühlig, Einfühlung
Jahr	jährlich, verjähren, Jahrzehnt, mehrjährig
zunehmend	zunehmen, Zunahme, Benehmen, annehmbar
vornehme	vornehm, nehmen, Vernehmung, vernehmlich
das Aushöhlen	Höhle, hohl, Aushöhlung, unverhohlen
Theaterbühne	Bühne, Bühnenstück, Lebensbühne, bühnenreif
berühren	gerührt, Berührung, unberührt, rührselig
aufrührerisch	Aufruhr, Aufrührer
gefährdete	Gefahr, gefährlich, gefährden, Gefährdung
Rahmen	umrahmen, Umrahmung, eingerahmt, Rahmenhandlung
kehren (zurück)	umkehren, verkehrt, Heimkehr, Kehrtwende
sehr	**kein verwandtes Wort, sondern eine Wortgruppe:** so sehr, nicht sehr, sehr gut, sehr bald
belohnt	belohnen, Belohnung, lohnend, Tagelöhner

Aufgabe 3 und 4

altertümlicher	altertümlich, Altertum, Altertümer, Altertümlichkeit
erscheinen	Erscheinung, scheinbar, anscheinend, unscheinbar
Vorstellungen	vorstellen, vorgestellt, vorstellbar, unvorstellbar
jungfräulichen	Jungfrau, fraulich, Fräulein, Jungfräulichkeit
Schicksale	Schicksalsjahr, Schicksalsweg, Kinderschicksal, schicksalhaft
aufmerksam	unaufmerksam, Aufmerksamkeit
gemeinsam	Gemeinsamkeit
vorbildlich	Vorbild, vorbildhaft
fahrbare	vorfahren, vorgefahren, fahrbar, unbefahrbar
vornehme	vornehmer, am vornehmsten, Vornehmheit, vornehmlich

© Prof. Dr. Friedrich Schönweiss, Uni Münster • www.lernserver.de • Lernserver-Institut – Verlag für Bildungsmedien GmbH
Lernserver Individuelle Förderung

Übernahme des Dehnungs-h bei konjugierten Verben

Hinweis für den Lehrenden:

Das Dehnungs-h wird in alle gebeugten Formen übernommen, *wenn auch der betonte Vokal **lang** bleibt*:

fehlen → er fehlt, er fehlte, er hat gefehlt.

(Aber: nehmen, er nahm, er hat gen**omm**en)

Durch die Personalendungen -t, und -st entstehen nun jedoch Wortformen, bei denen dem langen Vokal *mehrere* Konsonanten nachfolgen, z.B.: du zählst, er (sie, es) zählt, ihr zählt (siehe auch „die Fährte" von *fahren*). Ab und an führt dies zu Verwirrungen, weil die Schüler gelernt haben, dass nach einem *langen* Vokal nur ***ein*** Konsonant steht und manchmal eben zusätzlich das Dehnungs-h. In diesem Fall muss darauf hingewiesen werden, dass die Personalendungen *nicht* als Zeichen für die Länge oder Kürze des betonten Vokals gelten, das heißt, bei „er zählt" wird das „ä" natürlich *nicht kurz* gesprochen, auch wenn nach dem betonten Vokal zwei Konsonanten stehen (l und Endung -t). Die *Grundform* gibt letztendlich Aufschluss über die richtige Schreibung des Wortstammes: zählen, fahren oder kommen, schwimmen usw. An die Wortstämme wird dann die jeweilige Personalendung angehängt.

Wende die Regel in den folgenden Beispielen an:

Grundform	Gegenwart	Vergangenheit	Mittelwort
anbahnen	ich bahne an	er bahnte an	angebahnt
aufbahren	ich bahre auf	er bahrte auf	aufgebahrt
fehlen	ich fehle	er fehlte	gefehlt
entbehren	ich entbehre	er entbehrte	entbehrt
fühlen	ich fühle	er fühlte	gefühlt
kühlen	ich kühle	er kühlte	gekühlt
berühren	ich berühre	er berührte	berührt
verkohlen	ich verkohle	er verkohlte	verkohlt
sich rühmen	ich rühme mich	er rühmte sich	gerühmt
sich wehren	ich wehre mich	er wehrte sich	gewehrt
strahlen	ich strahle	er strahlte	gestrahlt

lernserver Individuelle Förderung | © Prof. Dr. Friedrich Schönweiss, Uni Münster • www.lernserver.de • Lernserver-Institut – Verlag für Bildungsmedien GmbH

Übernahme des Dehnungs-h bei gebeugten Verben

Hinweis für den Lehrenden:

Das Dehnungs-h wird in alle gebeugten Formen übernommen, *wenn auch der betonte Vokal* ***lang*** *bleibt*:

fehlen → er fehlt, er fehlte, er hat gefehlt.

Durch die Personalendungen -t, und -st entstehen nun jedoch Wortformen, bei denen dem langen Vokal *mehrere* Konsonanten nachfolgen, z.B.: du zählst, er (sie, es) zählt, ihr zählt (siehe auch „die Fährte" von *fahren*). Ab und an führt dies zu Verwirrungen, weil die Schüler gelernt haben, dass nach einem *langen* Vokal nur ***ein*** Konsonant steht und manchmal eben zusätzlich das Dehnungs-h. In diesem Fall muss darauf hingewiesen werden, dass die Personalendungen *nicht* als Zeichen für die Länge oder Kürze des betonten Vokals gelten, das heißt, bei „er zählt" wird das „ä" natürlich *nicht kurz* gesprochen, auch wenn nach dem betonten Vokal zwei Konsonanten stehen (l und Endung -t). Die *Grundform* gibt letztendlich Aufschluss über die richtige Schreibung des Wortstammes: zählen, fahren oder kommen, schwimmen usw. An die Wortstämme wird dann die jeweilige Personalendung angehängt.

Wende die Regel in den folgenden Beispielen an:

Infinitiv	Präsens	Präteritum	Partizip Perfekt
kühlen	ich kühle	er kühlte	gekühlt
sich verzehren	ich verzehre mich	er verzehrte sich	verzehrt
fehlen	ich fehle	er fehlte	gefehlt
verfehlen	ich verfehle	er verfehlte	verfehlt
fühlen	ich fühle	er fühlte	gefühlt
nachfühlen	ich fühle nach	er fühlte nach	nachgefühlt
rühren	ich rühre	er rührte	gerührt
berühren	ich berühre	er berührte	berührt
sich rühmen	ich rühme mich	er rühmte sich	gerühmt
verhöhnen	ich verhöhne	er verhöhnte	verhöhnt
ahnen	ich ahne	er ahnte	geahnt

© Prof. Dr. Friedrich Schönweiss, Uni Münster • www.lernserver.de • Lernserver-Institut – Verlag für Bildungsmedien GmbH
lernserver Individuelle Förderung

Übernahme des Dehnungs-h bei gebeugten Verben

Hinweis für den Lehrenden:

Das Dehnungs-h wird in alle gebeugten Formen übernommen, *wenn auch der betonte Vokal* ***lang*** *bleibt*:
fehlen → er fehlt, er fehlte, er hat gefehlt.

Durch die Personalendungen -t, und -st entstehen nun jedoch Wortformen, bei denen dem langen Vokal *mehrere* Konsonanten nachfolgen, z.B.: du zählst, er (sie, es) zählt, ihr zählt (siehe auch „die Fährte“ von *fahren*). Ab und an führt dies zu Verwirrungen, weil die Schüler gelernt haben, dass nach einem *langen* Vokal nur ***ein*** Konsonant steht und manchmal eben zusätzlich das Dehnungs-h. In diesem Fall muss darauf hingewiesen werden, dass die Personalendungen *nicht* als Zeichen für die Länge oder Kürze des betonten Vokals gelten, das heißt, bei „er zählt“ wird das „ä“ natürlich *nicht kurz* gesprochen, auch wenn nach dem betonten Vokal zwei Konsonanten stehen (l und Endung -t). Die *Grundform* gibt letztendlich Aufschluss über die richtige Schreibung des Wortstammes: zählen, fahren oder kommen, schwimmen usw. An die Wortstämme wird dann die jeweilige Personalendung angehängt.

Wende diese Regel bei den folgenden Verben an.
a) Bilde zunächst drei konjugierte Verbformen, z.B.: wühlen – ich wühle, er wühlte, gewühlt
b) Bilde so viele Ableitungen, wie dir einfallen, z.B.: zerwühlen, aufwühlen, Wühlmaus…

ehren: ich ehre, er ehrte, geehrt
verehren, beehren, die Ehre, die Ehrung

prahlen: ich prahle, er prahlte, geprahlt
der Prahlhans

wählen: ich wähle, er wählte, gewählt
erwählen, auswählen, die Wahl, der Wähler, wählerisch

dehnen: ich dehne, er dehnte, gedehnt
die Dehnung, ausdehnen

genehmigen: ich genehmige, er genehmigte, genehmigt
die Genehmigung

zählen: ich zähle, er zählte, gezählt
verzählen, auszählen, mitzählen, die Zählung, der Zähler

gähnen: ich gähne, er gähnte, gegähnt
das Gähnen, der Gähner

erwähnen: ich erwähne, er erwähnte, erwähnt
die Erwähnung

zähmen: ich zähme, er zähmte, gezähmt
bezähmen, zahm, die Zähmung

© Prof. Dr. Friedrich Schönweiss, Uni Münster • www.lernserver.de • Lernserver-Institut – Verlag für Bildungsmedien GmbH

Konjugation starker Verben

Hinweis für den Lehrenden:
Auch bei stark gebeugten Verben, bei denen der betonte Vokal wechselt, wird das Dehnungs-h übernommen, allerdings nur dann, wenn der Vokal *lang* bleibt:
stehlen → er stiehlt, er stahl, er hat gestohlen.

Vorsicht also bei „nehmen“:
er n**i**mmt, er nahm, er hat gen**o**mmen → /i/ und /o/ sind kurz, deshalb muss gedoppelt werden!

Starke Verben mit Dehnungs-h gibt es nicht viele. Sie können auch auswendig gelernt werden:

befehlen, befiehlt, befohlen
empfehlen, empfiehlt, empfohlen
fahren, fuhr, gefahren
stehlen, stahl, gestohlen
nehmen, nahm, genommen!

Folgende Verben musstest du unterstreichen:

fahren	kommen	tragen	schwimmen
verlieren	stehlen	lesen	empfehlen
entrinnen	fallen	nehmen	betrügen

Präsens	Präteritum	Partizip Perfekt
ich gebe	ich gab	gegeben
ich befehle	ich befahl	befohlen
ich fahre	ich fuhr	gefahren
ich trage	ich trug	getragen
ich verliere	ich verlor	verloren
ich stehle	ich stahl	gestohlen
ich lese	ich las	gelesen
ich empfehle	ich empfahl	empfohlen
ich nehme	ich nahm	Achtung! genommen
ich betrüge	ich betrog	betrogen

Friedensschluss zwischen Motorradclubs?
Vertreter der so genannten Bandidos und der Hells Angels kamen in Hamburg zusammen und unterschrieben ein gemeinsames „Friedensabkommen“. Die Öffentlichkeit **erfuhr** erst zwei Tage später von dem Treffen. Ein Sprecher der Innenminister **nahm** an, dass jetzt aber noch längst nicht „Friede, Freude, Eierkuchen“ herrsche. Die Banden gingen lediglich in die Offensive, da ihnen ein Verbot bevorstand, so wird vermutet. Der Hamburger Innensenator **empfahl** weiterhin Vorsicht und ein hartes Durchgreifen des Staates.

© Prof. Dr. Friedrich Schönweiss, Uni Münster • www.lernserver.de • Lernserver-Institut – Verlag für Bildungsmedien GmbH
lernserver Individuelle Förderung

Komposita (Zusammensetzungen)

Hinweis für den Lehrenden:
Da es auch in zusammengesetzten Wörtern nur *einen* (Haupt-)Betonungsgipfel gibt, muss man sie, um die richtige Schreibung herauszufinden, in ihre einzelnen Teile trennen und jeden Teil einzeln auf seine Betonung hin überprüfen:

das Sûppenhuhn → die Sûppe und das Hûhn

Um diese Regel richtig anzuwenden, ist es wichtig, zusammengesetzte Wörter zusätzlich zu *diktieren*, da bei den Lückenwörtern, die hier vom Schüler allein zu bearbeiten sind, die prekäre Stelle ja schon vorgegeben sein muss.

Wortauswahl für das Diktat:
Lehmkuhle, Kahlschlag, Kühlschrank, Windmühle, Höhlenmensch, Hähnchenfleisch, Lehrerpult, Jahrzehnt, Rahmenhandlung, Bundestagswahl, Verkehrspolizist, Rührschüssel, Holzbohlen, Sonnenstrahlen, Hengstfohlen, Kohlenkeller, Ledersohle, Wohltätigkeit, Stuhl, Wühlmaus, handzahm, Fahnenmast, Schlagsahne, Wahnvorstellung, Bahngleis, Bohneneintopf, Hohngelächter, Mohnkuchen, Wohnungsnot, Sehnenzerrung, Versöhnungskuss, Krankenbahre, Nahrungskette, Handbohrer, Mohrrübe, Ohrring, Nadelöhr, Parkgebühren, Rohrverleger, Getreideähre

---

das Ko_hl_gemü_s_e (l, s)	*der Kohl, das Gemüse*
der Le**hm**bo**d**en (m, d)	**der Lehm, der Boden**
die Lo**hn**tü**t**e (n, t)	**der Lohn, die Tüte**
die Fe**hl**erza**hl** (l, l)	**der Fehler, die Zahl**
das Bü**hn**enbi**l**d (n, l)	**die Bühne, das Bild**
der Ho**l**zka**hn** (l, n)	**das Holz, der Kahn**
die Zu**g**fa**hr**t (g, r)	**der Zug, die Fahrt**
der E**d**elsta**hl** (d, l)	**edel, der Stahl**
der Bi**l**derra**hm**en (l, m)	**die Bilder, der Rahmen**
die Sa**l**zmü**hl**e (l, l)	**das Salz, die Mühle**
der Hö**hl**enfo**r**scher (l, r)	**die Höhle, der Forscher**
das Wei**z**enme**hl** (z, l)	**der Weizen, das Mehl**
das Le**b**ensja**hr** (b, r)	**das Leben, das Jahr**
die Gefü**hl**skä**l**te (l, l)	**das Gefühl, die Kälte**
der U**hr**zei**g**er (r, g)	**die Uhr, der Zeiger**

© Prof. Dr. Friedrich Schönweiss, Uni Münster • www.lernserver.de • Lernserver-Institut – Verlag für Bildungsmedien GmbH

Anwendung der Regeln im Lückendiktat

Hinweis für den Lehrenden:
In dieser Übung werden die bisher gelernten Regeln und Zusatzregeln abgefragt: die l-m-n-r-Regel, Diphthonge (Zwielaute), Vor- und Nachsilben, konjugierte Verben, starke Verben und Komposita.
Es ist wichtig, die eventuellen Fehler des Schülers zu analysieren und den jeweiligen Regeln zuzuordnen, um sinnvolle und gezielte Wiederholungsübungen anbieten zu können.

Sturmfrei
Unzählige Jugendliche haben es schon erlebt – eine Party bei sturmfreier Bude, die außer Kontrolle geriet. Zum Beispiel die 15-jährige Johanna:
Ihre Eltern fuhren für einige Tage in Urlaub und die ersehnte Gelegenheit war da, ohne lästige Ermahnungen und Vorschriften eine Fete zu feiern. Johanna lud zehn Freundinnen und Freunde ein, von denen einer dann in Facebook anfragte, um welche Uhrzeit es losgehe und wie viel Alkohol er mitbringen solle.
In Windeseile verbreitete sich die Nachricht – und nicht nur eingeladene Gäste erschienen bei Johanna zuhause. Sie hatte nicht den Mut, die Freunde von den Freunden der Freunde wieder wegzuschicken.
An hochprozentigem Alkohol herrschte wohl kein Mangel. Auch entferntere Nachbarn bekamen durch die laut aufgedrehte Musikanlage bis spät in die Nacht mehr von der Party mit, als ihnen lieb war.
Und das Ende vom Lied? Scherben in der Auffahrt, aus dem Vorgarten herausgerissene Pflanzen, eine total verdreckte Wohnung, ein Notarztwagen für zwei völlig betrunkene Jugendliche und eine enttäuschte und verheulte Johanna...

Begründungen für die Schreibung nach den gelernten Regeln:
Unz**äh**lige: Grundwort „zählen" → langes ä, danach „l" → l-m-n-r-Regel
erl**e**bt: Grundwort „erleben" → langes e, danach „b" → kein zusätzliches Dehnungszeichen nötig
B**u**de: langes u, danach „d" → kein zusätzliches Dehnungszeichen nötig
außer: nach Zwielauten ist nie ein Dehnungs-h nötig
Kontr**o**lle: kurzes o → kein Dehnungszeichen möglich
15-j**äh**rige: → langes ä, danach „r" → l-m-n-r-Regel
f**uh**ren: Grundwort „fahren", a und u sind lang, danach „r" → l-m-n-r-Regel
ers**eh**nte: Grundwort „sehnen", langes e, danach „n" → l-m-n-r-Regel
ohne: langes „o", danach „n" → l-m-n-r-Regel
läst**i**ge: i ist nicht betont → kein Dehnungszeichen möglich
Erm**ah**nung: langes a, danach „n" → l-m-n-r-Regel
F**e**te: langes e, danach „t" → kein zusätzliches Dehnungszeichen nötig
l**u**d: Grundwort „laden", a und u sind lang, danach „d" → kein zusätzliches Dehnungszeichen nötig
z**eh**n: langes e, danach „n" → l-m-n-r-Regel
Uhrzeit: Uhr – Zeit; langes u, danach „r" → l-m-n-r-Regel
s**o**lle: Grundwort „sollen", kurzes o → kein zusätzliches Dehnungszeichen nötig
Windes**ei**le: nach Zwielauten ist nie ein Dehnungs-h nötig
verbr**ei**tete: nach Zwielauten ist nie ein Dehnungs-h nötig
G**ä**ste: kurzes ä → kein Dehnungszeichen möglich
M**u**t: langes u, danach „t" → kein zusätzliches Dehnungszeichen nötig
wegzusch**i**cken: Grundform „schicken", kurzes i → kein Dehnungszeichen möglich
hochprozent**i**gem: „i" ist nicht betont, deshalb danach auch kein Dehnungszeichen möglich
w**o**hl: langes o, danach „l" → l-m-n-r-Regel
bek**a**men: langes a, danach „m", aber kein h nötig, weil im Grundwort „kommen" kein h steht (kurzes o)
Musikanl**a**ge: Musik - An-lage, langes a, danach „g" → kein zusätzliches Dehnungszeichen nötig
sp**ä**t: langes ä, danach „t" → kein zusätzliches Dehnungszeichen nötig
m**e**hr: langes e, danach „r" → l-m-n-r-Regel
Sch**e**rben: kurzes e → kein Dehnungszeichen möglich
Auff**a**hrt: Grundwort „fahren", langes a, danach „r" → l-m-n-r-Regelzeichen möglich
W**o**hnung: langes o, danach „n" → l-m-n-r-Regel
völl**i**g: i nicht betont, deshalb weder Dehnungszeichen noch Dopplung möglich
verh**eu**lte: nach Zwielauten ist nie ein Dehnungs-h nötig

© Prof. Dr. Friedrich Schönweiss, Uni Münster • www.lernserver.de • Lernserver-Institut – Verlag für Bildungsmedien GmbH
lernserver Individuelle Förderung

Kognitive Entscheidung zwischen richtiger und falscher Schreibung

<u>Hinweis für den Lehrenden:</u>
Da hier nicht das Erinnern von Wortbildern abgefragt, sondern das Provozieren kognitiver Entscheidung mittels gelernter Regeln verlangt wird, muss weder die Ähnlichkeitshemmung noch das Einprägen falscher Schreibungen befürchtet werden. Ziel ist in dieser Übung die *Auseinandersetzung* mit der Schreibweise – nicht die visuelle Merkfähigkeit von gespeicherten Buchstabenfolgen. Insofern werden einige wenige Aufgabenstellungen dieser Übungsform den Schüler mit Sicherheit nicht fehlleiten.

Aufgabe 1: Die meisten Wörter im Kasten werden dir schon bekannt sein.
- Es werden dir richtige und falsche Schreibungen angeboten.
- Entscheide, ob der unterstrichene Vokal **lang oder kurz** gesprochen wird!
- Prüfe dann bei den Wörtern mit *langem* Vokal, ob für sie eine der **Zusatzregeln** zutrifft.
- Streiche schließlich die falsch geschriebenen Wörter durch!

~~Empfelungen~~ / Empfehlungen	Erfahrungen / ~~Erfarungen~~
~~Feler~~ / Fehler	erzählt / ~~erzält~~
~~Hahltet~~ / Haltet	Ort / ~~Ohrt~~
geheim / ~~geheihm~~	erreichbar / ~~ehrreichbar~~ / ~~erreichbahr~~
Trefft / ~~Trehfft~~	~~Schähden~~ / Schäden
~~überschaubahre~~ / überschaubare	~~Kohsten~~ / Kosten
Anzahl / ~~Anzal~~	Spaß / ~~Spahß~~
Vorhaben / ~~Vohrhaben~~	bekanntlich / ~~bekahnntlich~~

Aufgabe 2:Trage die richtig geschriebenen Wörter in die folgenden Sätze ein:

In einer Jugendzeitschrift fand ich folgende **<u>Empfehlungen</u>** für Partys bei sturmfreier Bude:
Macht nicht die gleichen **<u>Fehler</u>** wie manche eurer Altersgenossen!
<u>Haltet</u> die Fete nicht vor euren Eltern **<u>geheim</u>**!
<u>Trefft</u> klare Absprachen mit ihnen!
Ladet nur eine **<u>überschaubare</u>** **<u>Anzahl</u>** von Gästen ein!
Veröffentlicht euer **<u>Vorhaben</u>** nicht im Netz!
Lasst niemanden ins Haus, von dem ihr schon schlechte **<u>Erfahrungen</u>** **<u>erzählt</u>** bekommen habt!
Sagt den Nachbarn Bescheid und bittet jemanden, zwischendurch mal am **<u>Ort</u>** des Geschehens vorbeizukommen!
Notiert euch die Rufnummer, unter der eure Eltern **<u>erreichbar</u>** sind!
Rechnet damit, dass ihr für alle **<u>Kosten</u>** aufkommen müsst, die eure Gäste anrichten!
Spätestens bei hohen **<u>Schäden</u>** hört der **<u>Spaß</u>** **<u>bekanntlich</u>** auf.

© Prof. Dr. Friedrich Schönweiss, Uni Münster • www.lernserver.de • Lernserver-Institut – Verlag für Bildungsmedien GmbH

Regeln selbst formulieren

Hinweis für den Lehrenden:
Bevor die Ausnahmen zur l-m-n-r-Regel thematisiert werden, müssen die Grundregel und die Zusatzregeln im Schlaf sitzen! Es hat sich bewährt, die Schüler die Regeln selbst formulieren zu lassen, denn nur, wer eine Regel mit seinen eigenen Worten wiedergeben kann, hat sie auch richtig verstanden.

Was man selbst in Worte fasst, kann man sich besser merken!

Formuliere deshalb mit deinen eigenen Worten die Grundregel und die Zusatzregeln zum Dehnungs-h.

Mögliche Formulierungen:

Die Grundregel zum Dehnungs-h:

Ein Dehnungs-h steht nur nach einem **langen betonten** Vokal, wenn danach ein **l**, **m**, **n** oder **r** folgt.

Zusatzregel zu Zwielauten und Vor- und Nachsilben:

In Zwielauten und in Vor- und Nachsilben steht **nie** ein Dehnungs-h.

Zusatzregel zu konjugierten schwachen Verben:

Das Dehnungs-h im Infinitiv (Grundform) eines **schwachen** Verbs wird in die gebeugten Formen **übernommen.**

Zusatzregel zu konjugierten starken Verben:

Das Dehnungs-h im Infinitiv (Grundform) eines **starken** Verbs wird in die gebeugten Formen übernommen, **wenn** der betonte Vokal **lang** bleibt!

Zusatzregel zu Komposita (Zusammensetzungen):

Da auch zusammengesetzte Wörter nur **einen** (Haupt-)Betonungsgipfel haben, müssen sie in ihre **einzelnen Teile** zerlegt werden. In **jedem** Wortteil muss der betonte Vokal gesucht werden, um anhand seiner Länge oder Kürze die richtige Schreibung herauszufinden.

© Prof. Dr. Friedrich Schönweiss, Uni Münster • www.lernserver.de • Lernserver-Institut – Verlag für Bildungsmedien GmbH
Lernserver Individuelle Förderung

1. Ausnahme zur l-m-n-r-Regel

Hinweis für den Lehrenden:
Da die l-m-n-r-Regel eine Kann-Regel ist, trifft sie nicht auf alle Wörter zu. Diejenigen Wörter, die trotz l, m, n oder r kein Dehnungs-h nach dem langen betonten Vokal haben, lassen sich in vier Gruppen einteilen und können auf diese Weise systematisiert werden.

1. Ausnahme:
Das Dehnungs-h steht NICHT, wenn es sich um Wörter oder betonte Silben handelt, die im Anlaut ein qu, t oder sch haben:

quälen, be**qu**em, **qu**er
Ton, **T**or, **T**ür
schön, **Sch**ere, **Sch**al

Als Eselsbrücke für die Schüler kann das Wort „**Qu**-a-**t**-**sch**" dienen, mit dessen Hilfe sich die Schüler die relevanten Anfangsbuchstaben für die Ausnahmewörter besser merken können.

Lassen Sie die Ausnahme-Regel auf ein großes farbiges Plakat schreiben und im Übungsraum aufhängen (es kommen ja noch mehr dazu).

---

1. Entdecke die erste Ausnahmeregel. Was fällt dir bei diesen Wörtern auf?
Qual quer bequem Tal Ton tun Tor Schal schämen Schule Schere

Antwort: Vor dem langen betonten Vokal steht entweder **qu, t** oder **sch**.

2. Unterstreiche im Text die Wörter, die nach dieser Ausnahmeregel *ohne* Dehnungs-h geschrieben werden! Es sind zehn.

Auf dem Ökumenischen Kirchentag 2010 in München konnte man zahlreiche Jugendliche mit orangefarbenen Taschen kreuz und quer über die Plätze streifen sehen. „Hope" stand darauf und „hoffnungsträger.net". Tobias war einer von diesen Jugendlichen, die ehrenamtlich an der Aktion „Hoffnungsträger" teilgenommen haben. Keine einfache und bequeme Aufgabe, die christliche Botschaft unters Volk zu bringen, aber spannend, es auf so ungewöhnliche Art und außerhalb der Kirchentüren zu tun! Der Schüler Tobias war im Zentrum der Jugend auf dem Olympiagelände eingesetzt. An besonderen T-Shirts, Kappen und Schals waren er und seine Mitstreiter zu erkennen. Eine Schar von 500 jungen Leuten aus dem Bistum Münster hatte schon vor dem Kirchentag eine „Hope-Tasche" bekommen; sie sollte mit Inhalt gefüllt und weitergereicht werden: Was gibt mir Hoffnung?, so lautete die Frage. Und ohne Schere im Kopf konnte man nachdenken: Mit welchem Material oder welchen Symbolen will ich meine Hoffnung darstellen? Auch gab es so genannte Hoffnungs-Tattoos. Alle wurden gebeten, per Handy oder Foto im Internet die Aktion zu dokumentieren. „Das hat prima geklappt", betonte Tobias. Vielleicht könnt ihr noch Spuren der Hoffnungsträger im Netz finden?

3. Bilde zu den Wörtern möglichst viele Ableitungen und Zusammensetzungen.
Mögliche Lösungen:
überqueren, Querkopf, verquer;
unbequem, Bequemlichkeit, sich bequemen;
Haustür, Ofentür, Türsteher;
antun, hervortun, tunlichst;
Mitschüler, Schulhof, Schulung;
Seidenschal, Schalkragen;
sich scharen, Kinderschar;
Nagelschere, Scherenschleifer;
Betonung, vertonen, tönen;

© Prof. Dr. Friedrich Schönweiss, Uni Münster • www.lernserver.de • Lernserver-Institut – Verlag für Bildungsmedien GmbH

2. Ausnahme zur l-m-n-r-Regel

Hinweis für den Lehrenden:
Die zweite Ausnahme der l-m-n-r-Regel lautet:
Das Dehnungs-h steht NICHT, wenn es sich um Wörter handelt, die mit einer Konsonantenhäufung (sp, st, kr, gr usw.) beginnen:

spülen, **Str**om, **Kr**an, **gr**ün, **Bl**ume, **Kr**ume, **gr**ölen usw.

Hier gibt es nun aber leider die „Ausnahmen von der Ausnahme", das heißt es gibt Wörter, die trotz Konsonantenhäufung ein h haben. Man muss sie auswendig lernen:

Stuhl, stehlen, stöhnen, Strahl, Stahl, Strähne,
empfehlen, prahlen, Pfahl, Pfuhl, dröhnen, Drohne

Zunächst geht es aber nur um die *Konsonantenhäufungen*. Lassen Sie diese Regel wieder auf ein großes Plakat schreiben (möglichst in einer anderen Farbe, z.B. in Rot. Die Ausnahme von der Ausnahme könnte dann in Orange gehalten sein.).

---

1. Entdecke die zweite Ausnahmeregel. Was fällt dir bei diesen Wörtern auf?

Blume grün klar Kran Krone krümeln Krämer Strom spülen Flur frönen Plan

Antwort: Die Wörter haben alle am Wortanfang **zwei** oder **mehr** Konsonanten. Wir nennen das **Konsonantenhäufung**.

2. Unterstreiche im Text die Wörter, die nach dieser Ausnahmeregel *ohne* Dehnungs-h geschrieben werden! Es sind zehn.

Inga ist begeistert. Sie hat kürzlich ein besonderes Museum in London besucht, in das auch viele Jugendliche strömen. Zum Beispiel durfte Inga sich auf einen grün gepolsterten Thron setzen und sich vorstellen, wie es wäre, die Königin von England zu sein. Schauspieler einer Theatertruppe haben sie zu dieser nicht alltäglichen Erfahrung eingeladen. Die Theaterleute sind zum Beispiel wie Sherlock Holmes und Doktor Watson gekleidet und verwickeln die Museumsbesucher in Gespräche oder fordern sie unverblümt zu kleinen Aktionen auf. Und das Erlebte klärt über vergangene Zeiten auf – viel interessanter, als Schautafeln und Stelen zu lesen oder in Geschichtsbüchern in der Vergangenheit zu kramen. Im Kensington Palast am Rande des Hyde Park ist die Ausstellung zu sehen, die an sieben gekrönte Häupter erinnert, unter anderem an Queen Victoria. Designerinnen und Künstler haben die dreizehn Räume und Flure eingerichtet, wo die Berühmtheiten liebten und litten. Man kann anhand der Ausstellungsstücke und unterstützt durch Musik dem Schicksal der früheren Bewohnerinnen ein wenig nachspüren – eine einmalige Tour!

3. Bilde zu den Wörtern möglichst viele Ableitungen und Zusammensetzungen.
Mögliche Lösungen:
Stromleitung, Strömung, überströmend
Grünanlage, grünlich, begrünen
Thronfolger, Thrönchen, thronen
Blümchen, geblümt, blumig
unklar, Klarheit, Verklärung
Holzstele, Informationsstele
Kleinkram, Krämerseele, herumkramen
Königskrone, Kronjuwelen, Krönung
Hausflur, Flurlicht, Flurbereinigung
Spur, Spürnase, gespürt

© Prof. Dr. Friedrich Schönweiss, Uni Münster • www.lernserver.de • Lernserver-Institut – Verlag für Bildungsmedien GmbH lernserver Individuelle Förderung

Merkwörter mit Dehnungs-h trotz Konsonantenhäufung

Hinweis für den Lehrenden:
Bevor diejenigen Wörter erwähnt werden, auf die die zweite Ausnahme der l-m-n-r-Regel *nicht* zutrifft, müssen die erste und die zweite Ausnahme selbstverständlich ausreichend gespeichert und automatisiert sein. Lassen Sie sie die Schüler immer wieder selbst formulieren und dazu Wörter finden. Zur „Quatsch"-Regel und zur Konsonantenhäufungsregel kann man z.B. leicht Beispiele in einem Grundschul-Wörterbuch finden. Mit diesen Wörtern können verschiedene Spiele oder Übungsformen kreiert werden: Wer findet die meisten Wörter mit qu, t und sch? Wer findet die meisten Wortverwandten zu den Wörtern mit Konsonantenhäufung? Man kann auch „Scharade" spielen, also ein Wort pantomimisch darstellen, zeichnen oder verbal umschreiben und die anderen raten lassen.
Lassen Sie wieder auf ein Plakat (etwas kleiner als die anderen und in Orange) die Ausnahmewörter schreiben, und hängen Sie es neben das rote Plakat der zweiten Ausnahme.
(Falls die Ausnamewörter zur zweiten Ausnahme die Schüler zu sehr verwirren, könnte man auch einen anderen Weg einschlagen: Die „Quatsch-Regel" wird gelernt, die ist einfach. Aber die Wörter mit Konsonantenhäufung – also die Wörter der 2. Ausnahme – werden zu den Wörtern der dritten Ausnahme dazugezählt. Das sind dann allerdings insgesamt doch recht viele Wörter ohne Dehnungs-h, die auswendig gelernt werden müssten.)

Aufgabe 1: Im Text findest du *drei* dieser *Ausnahmen*. Unterstreiche sie und trage ihre Grundwörter hier ein:

drö**h**nen stra**h**len empfe**h**len

Bunt und doch deutsch
Sie heißen Cacau, Boateng, Özil und Trochowski. Und sie spielen Fußball für Deutschland.
Bei der Fußballweltmeisterschaft 2010 in Südafrika, wo immer Vuvuzelas in den Stadien dröhnen, ist die deutsche Nationalelf mit jungen Spielern angetreten, deren Namen zu einem großen Teil fremd klingen.
Aber sie haben einen deutschen Pass, nicht nur einen Spielerpass für eine Bundesligamannschaft.
Söhne von Flüchtlingen, Aussiedlern und Einwanderern haben sich durch ihre Leistung für unsere Nationalmannschaft empfohlen. Sami Khedira beispielsweise ist der Sohn eines Tunesiers und einer Deutschen. Er ist davon überzeugt, dass Mannschaftskameraden wie Özil und Cacau dem deutschen Spiel mehr „südländische Leichtigkeit" verleihen.
Auch Klose und Podolski, Trochowski und Gomez, Tasci und Aogo haben ausländische Wurzeln. Doch sie identifizieren sich stark mit ihrer (neuen) Heimat Deutschland. Cacau lobte diese kürzlich in einem Interview. „Deutschland hat mir eine Chance gegeben", strahlte er. „Auch Minderheiten haben in Deutschland eine Chance."
Khedira sieht viele Vorteile in der spannenden Mischung: Deutsche und Wahl-Deutsche könnten kulturell und sportlich voneinander lernen.

Aufgabe 3: Ordne die Ausnahmewörter alphabetisch.
Drohne, dröhnen, empfehlen, Pfahl, Pfuhl, prahlen, Stahl, stehlen, stöhnen, Stuhl, strahlen, Strähne

Aufgabe 4: Bilde mit den folgenden Silben sinnvolle Wörter, die von den Ausnahmewörtern abgeleitet sind. Du kannst mit deinem Nachbarn überlegen.
Stahlarbeiter, stahlhart, gestählt, Gestöhne, stöhnend, Strahlkraft, Ausstrahlung, strahlend, Strähnchen, Glückssträhne, Prahlhans, Prahlerei, Pfähle, Pfahlwurzel, Holzpfahl, dröhnend, Dröhnung, Drohnenflug, Kampfdrohne, Empfehlung, empfehlenswert, empfohlen, gestohlen, Diebstahl, wegstehlen

Aufgabe 5: Denke dir einen Satz aus, in dem möglichst viele der Ausnahmen vorkommen. Auswendig gelernt hilft er dir, die Lernwörter zu behalten.
Mögliche Lösung:
Wir empfehlen, falls mal eine Drohne über eurem Stuhl dröhnen sollte, nicht zu stöhnen oder sich wegzustehlen, sondern einen Pfahl aus Stahl in einen Pfuhl zu rammen, zu strahlen und mit der nächsten Strähne des Glücks zu prahlen.

© Prof. Dr. Friedrich Schönweiss, Uni Münster • www.lernserver.de • Lernserver-Institut – Verlag für Bildungsmedien GmbH

Wiederholung der bisherigen Regeln (Seite 1)

Hinweis für den Lehrenden:
Je nachdem, welche Fehler in dieser Übung gemacht wurden, muss gezielt wiederholt werden: Grundregel? Zusatzregeln? Erste oder zweite Ausnahme? Ausnahme von der Ausnahme? Was ist noch nicht ausreichend automatisiert? Oft rühren die Schwierigkeiten der Schüler daher, dass ihnen nicht genug Zeit eingeräumt wurde (oder eingeräumt werden konnte), das Gelernte zu wiederholen und sicher im Gedächtnis zu verankern. Gerade aber bei den komplizierten Dehnungs-h-Regeln muss einfach viel Zeit eingeplant werden – ansonsten nützen die schönsten Übungen nichts.

Aufgabe 1:
Im Text sind 28 Wörter mit Dehnungs-h enthalten. Markiere sie!
Achtung: Einige kommen mehrmals vor.

Ferienjobs sind sehr beliebt
Wenn die wunderbare Zeit der Sommerferien bevorsteht, beginnt für zahlreiche Schülerinnen und Schüler die Suche nach Jobs. Da sie nicht nur faulenzen wollen, planen sie so ihr Taschengeld aufzubessern. Gut bezahlte Ferienjobs sind besonders begehrt. Auf jeden Fall sollten die rechtlichen Rahmenbedingungen allen klar sein. Hier ein paar wesentliche Informationen und Empfehlungen vom Bund der Steuerzahler für solche Vorhaben:

1. Bis zum dreizehnten Lebensjahr ist Kinderarbeit in Deutschland verboten. Ab 13 darfst du nur höchstens zwei Stunden am Tag arbeiten, wenn deine Eltern das genehmigt haben. Du darfst dann leichte Aushilfsjobs verrichten, zum Beispiel Zeitungen oder Prospekte verteilen und babysitten.
2. Wenn du schon 15 bist, darfst du dich in den Ferien bis zu acht Stunden „quälen“, allerdings nur zwischen 6 und 20 Uhr und höchstens 40 Stunden pro Woche. Ab 18 Jahren gibt es keine Einschränkungen mehr – alle Türen stehen dir offen.
3. Du brauchst vor Arbeitsbeginn eine Lohnsteuer-ID. Du kannst sie kostenlos beim Einwohnermeldeamt erfragen. Ohne eine solche Identifikationsnummer wird dir vom Arbeitgeber wahrscheinlich eine Pauschale von 25% deines Bruttolohns fürs Finanzamt abgezogen. Keine reine Freude!
4. Mit Lohnsteuer-ID musst du zwar auch Steuern bezahlen. Aber wenn du weniger als 10.680 € im Jahr verdient hast, bekommst du im nächsten Jahr den gesamten Betrag zurück. Dafür solltest du auf jeden Fall einen Antrag ans Finanzamt stellen.
5. Wenn du jährlich weniger als zwei Monate oder 50 Arbeitstage jobbst, brauchst du keine Sozialabgaben zu leisten, also keine Beiträge in die Arbeitslosenversicherung einzuzahlen und ebenfalls nichts in die Kranken- und Rentenkasse.
6. Warne deine Eltern! Wenn du über 8.924 € verdient hast, sei es auch nur ein Euro mehr, müssen deine Eltern wohl oder übel das Kindergeld für das ganze Jahr zurückzahlen.

© Prof. Dr. Friedrich Schönweiss, Uni Münster • www.lernserver.de • Lernserver-Institut – Verlag für Bildungsmedien GmbH
lernserver Individuelle Förderung

Wiederholung der bisherigen Regeln (Seite 2)

Aufgabe 2:
Schreibe von allen Ableitungen die Grundwörter in die Tabelle! Es sind 13 verschiedene. Ordne sie dabei nach dem Konsonanten, der auf den langen Vokal folgt!

Aufgabe 3:
Suche zu jedem Grundwort in der Tabelle noch zwei bis drei verwandte Wörter!

h vor l	wohl	unwohl, Wohlstand, wohlhabend
	Zahl	z.B. zählen, Zahlung, zahlreich
	empfehlen	z.B. empfehlenswert, Empfehlungsbrief
h vor m	Rahmen	z.B. einrahmen, umrahmt, Bilderrahmen
	nehmen (oder genehmigen)	z.B. vornehmen, angenehm; Genehmigung, ungenehmigt
h vor n	zehn	z.B. zehnfach, Jahrzehnt, Zehner
	Lohn	z.B. belohnen, Entlohnung, Tagelöhner
	wohnen	z.B. Wohnung, wohnlich, unbewohnt
h vor r	Uhr	Uhrzeit und z.B. Wanduhr, Uhrwerk
	mehr	z.B. Mehrheit, vermehren, mehrmals
	begehren	z.B. begehrenswert, Begehrlichkeit
	Jahr	z.B. Jahreszeit, Frühjahr, verjährt
	wahr	z.B. Wahrheit, bewahren, wahrhaftig

Ohne Dehnungs-h:

	Sieb:
wunderbar	3
Schüler	4
faulenzen	2
planen	5
gut	1
jeden	1
klar	5
wesentlich	1
Vorhaben	3
schon	4
quälen	4
Türen	4
kostenlos	3
reine	2
zwar	5
Betrag	1
Sozialabgaben	1
Arbeitslosenversicherung	1 (3)

Die Ausnahmen von Regel 2: Drohne, dröhnen, empfehlen, Pfahl, Pfuhl, prahlen, Stahl, stehlen, stöhnen, Stuhl, strahlen, Strähne

© Prof. Dr. Friedrich Schönweiss, Uni Münster • www.lernserver.de • Lernserver-Institut – Verlag für Bildungsmedien GmbH

3. Ausnahme zur l-m-n-r-Regel: Vertiefen (Seite 1)

Hinweis für den Lehrenden:
Die dritte und letzte Ausnahme der l-m-m-r-Regel beinhaltet zum großen Teil Wörter, die aus anderen Sprachen kommen. Fremdwörter haben *nie* ein Dehnungs-h, aber wie kann man sie als Fremdwörter identifizieren? Bei vielen klappt das dadurch, dass ihr betonter Vokal in der zweiten, dritten oder einer weiteren Silbe liegt, z.B.:

ideal
Regal
extrem
Temperatur

In diesen Fällen ist auch Kindern ohne Latein- oder Griechischkenntnisse klar, dass *kein* Dehnungs-h geschrieben werden muss.
Fremd- oder Lehnwörter aber, deren Vokal in der *ersten* Silbe liegt, sind nicht so einfach von deutschen Wörtern zu unterscheiden und müssen deshalb auswendig gelernt werden.
Die wichtigsten Wörter ohne Dehnungs-h sind hier noch einmal aufgeführt:

holen, hören, Ameise, Bär, jemand, komisch, malen, Name, Dame, Honig
König, Monat, Öl, Wal, Ware, wenig, Düne, Elend, gar, bar, Hering
geboren, Kur, Kür, Lama, Pol, Pore, pur, Same, selig, Zar, Zone

„Kleine Wörter": ich war, wir waren, nur, nun, der, den, dem, denen, wer, wem, her, mal, vor, sogar

---

Aufgabe 2: Suche im Text Merkwörter ohne Dehnungs-h und unterstreiche sie.

Die neue Trendsportart macht Spaß, ist gesellig und gesund
Im schönen Monat Mai war ich in Münster zwischen dem Schlossgraben und der Einsteinstraße unterwegs und konnte einen Slackliner beobachten. Das ist jemand, der die neue Trendsportart mit Namen „Slacklinen" betreibt. Sie kommt aus Kalifornien und bedeutet für viele Spaß pur. Besonders wagemutige Herren und Damen balancieren über tiefe Schluchten auf ihrer Slackline, einem lockeren Band. Und die echten Könige des Sports springen sogar Salto auf ihrem Gerät.
Zum Beispiel Jan Leifels: Er spannt seinen Nylongurt zwischen zwei Befestigungen, welche die Stadt Münster im vergangenen Jahr aufgestellt hat. Und dann tänzelt und taumelt er darüber – hin und her. Der Sportstudent hat schon so viel geübt, dass er auf der wenige Zentimeter breiten Slackline hocken kann. Diese „Kür" sieht leicht aus, ist aber schwer, weil der Nylongurt stark schwingt und man schnell das Gleichgewicht verliert. Jan, 25 Jahre alt und in Paderborn geboren, trainiert die Hochschulgruppe in Münster, jeden Mittwoch im Schlosspark. Man komme mit vielen Passanten ins Gespräch, erzählt er. Einige fänden den Anblick zunächst komisch, doch der eine oder die andere wolle dann das Slacklinen selbst mal ausprobieren. Also ein kommunikativer Sport!
Slacklinen ist nur nicht überall erlaubt. Man darf die Gurte nicht um öffentliche Bäume spannen, da sie leicht die Baumrinde verletzen. Pilze können sich in die entstehenden Ritzen setzen und dadurch Wurzeln und Krone des Baumes schädigen. So drohen die Bäume noch Jahre später krank zu werden. Also: vorher bei der Stadt anrufen und nach den vorgesehenen Zonen für den Sport und geeigneten Befestigungsmöglichkeiten fragen! Im Internet können Interessierte sich Tipps und neue Ideen holen.

© Prof. Dr. Friedrich Schönweiss, Uni Münster • www.lernserver.de • Lernserver-Institut – Verlag für Bildungsmedien GmbH   lernserver Individuelle Förderung

3. Ausnahme zur l-m-n-r-Regel: Vertiefen (Seite 2)

Aufgabe 4: Hier sind die Wörter noch einmal rückwärts geschrieben.
- Schreibe sie in der richtigen Schreibweise auf die Linien.
- Ergänze ggf. das Grundwort.
- Markiere den betonten Vokal mit einem Strich (Beispiel: jêmand).

eginöK	Könige, König
hcsimok	komisch
tanoM	Monat
dnamej	jemand
raw (hci)	(ich) war
nemaN	Namen, Name
run	nur
rup	pur
red	der
lam	mal
nenoZ	Zonen, Zone
nemaD	Damen, Dame
neloh	holen
ragos	sogar
reh	her
eginew	wenige, wenig
rüK	Kür
nerobeg	geboren, gebären
rehrov	vorher, vor, her

Aufgabe 5: Ordne die Wörter im Kasten zu Gruppen:

Adjektiv:	**Verben:**	**Tiere:**	**Sonstige Nomen:**
selig	malen	Ameise	Bar
	gären	Bär	Honig
		Wal	Öl
		Hering	Ware
		Lama	Düne
			Elend
			Kur
			Pol
			Pore
			Same
			Zar
			Reling

die Ameise, der Bär, die Bar, malen, der Honig, das Öl, der Wal, die Ware, die Düne, das Elend, der Hering, die Kur, das Lama, der Pol, die Pore, der Same, selig, der Zar, gären, die Reling

Aufgabe 6: Fremdwörter haben nie ein Dehnungs-h. Viele kannst du daran erkennen, dass der betonte Vokal in der *zweiten* oder *einer weiteren* Silbe liegt.
Schreibe die Begriffe auf und markiere den betonten Vokal:

Banane

Indianer

Melone

Kamel

Lineal

Zitrone

© Prof. Dr. Friedrich Schönweiss, Uni Münster • www.lernserver.de • Lernserver-Institut – Verlag für Bildungsmedien GmbH

Doppeln oder dehnen? Lückendiktat ohne Ausnahmen

Hinweis für den Lehrenden:

Bei dem Diktat geht es nicht um Schnelligkeit und nicht um die Vergabe von Noten, sondern um das Rekapitulieren der gelernten Regeln bzgl. bekannter und weniger bekannter Wörter. Den Schülern sollte also genügend Zeit zum Nachdenken gegeben werden. Fehler bei der Dehnungs- oder Dopplungsschreibung werden gemeinsam eingehend besprochen; vor allem muss der Grund für die Fehler gefunden werden: Die Schreibung ist nicht richtig, weil...

Gründe können sein: Betonten Vokal nicht erkannt, Klangqualität nicht erkannt, Grundregeln zur Dopplung oder zum Dehnungs-h nicht beachtet, gebeugte Wortformen nicht beachtet, Zusatzregeln vergessen. Hilfe kann dann gezielt über die bereits durchgenommenen und nun etwas modifizierten Übungen gegeben werden.

(Zur Dopplung siehe Fördersequenz Band 2.)

Diktattext:

Zerstörung eines Paradieses

Viele Jugendliche interessieren sich für Natur und Umwelt. Bei Umfragen, worüber sie sich für die Zukunft Sorgen machen, steht die Umweltzerstörung oft an einer der ersten Stellen. Immer **mehr** Jugendliche sehen dabei auch über den sprichwörtlichen Tellerrand. Unter anderem schauen sie auf die Länder der sogenannten Dritten Welt, in denen natürliche Lebensräume für Menschen, Tiere und Pflanzen zunehmend bedroht sind und die Artenvielfalt **gefährdet** ist, zum Beispiel in den kostbaren Regenwäldern. Daran sind wir Menschen in den Industriestaaten maßgeblich beteiligt; Stichwort: Bio-Sprit für Autos. Weil sie sich verantwortlich **fühlen** und weil sie Mitleid mit den betroffenen Lebewesen haben, engagieren sich junge

Menschen in Organisationen und Netzwerken wie dem BUND, World Wildlife Fund oder „Rettet den Regenwald e.V." Eine dieser Jugendlichen ist Svenja. Sie **erzählt**:

„Vor kurzem habe ich einen Artikel im ‚Regenwald Report' gelesen. Darin hat Christiane Zander über die Situation in Kenia geschrieben. Dort stirbt für unseren Bio-Sprit die Natur. Eine Million Rinder, Ziegen und Schafe weiden in den Auen des Tana-Deltas. Doch genau hier ist der Anbau von **Zuckerrohr** geplant. 200 Quadratkilometer soll die erste industrielle Plantage umfassen. Durch das Projekt würden 25.000 Menschen aus ihrer Heimat vertrieben und das vielfältige Zusammenleben von Tieren und Pflanzen zerstört. Außerdem hat der Tana-Fluss in der Trockenzeit gar nicht genug Wasser für die Zuckerrohr-Plantagen. Es sei denn, man leitet es ab – und lässt die Bauern, die Hirten und Fischer auf dem Trockenen zurück."

Svenja weiß schon gut Bescheid, auch über die **Unternehmen**, die in Kenia aktiv sind. „Da sind mindestens zwei weitere internationale Konzerne, die das fruchtbare Land unter Energiepflanzen für Agrosprit begraben wollen", erklärt sie. „Dort, wo Zuckerrohr angebaut werden soll, liegen 32 Dörfer, die um ihren Lebensraum kämpfen."

Was müsste geschehen? Svenja meint: „Es wäre gut, wenn das Tana-Delta Schutzgebiete bekäme. Es ist die Heimat unter anderem von 350 Vogelarten. Wie kann man das alles so einfach zerstören? Die Menschen, die auf diesem Land leben, brauchen ein Anhörungs- und Mitspracherecht. Dafür müssen die Konzerne in Europa sorgen, die in Kenia Geschäfte machen wollen", fordert Svenja.

© Prof. Dr. Friedrich Schönweiss, Uni Münster • www.lernserver.de • Lernserver-Institut – Verlag für Bildungsmedien GmbH
lernserver Individuelle Förderung

Doppeln oder dehnen? Lückendiktat ohne Ausnahmen

Hinweis für den Lehrenden:
Bei dem Diktat geht es nicht um Schnelligkeit und nicht um die Vergabe von Noten, sondern um das Rekapitulieren der gelernten Regeln bzgl. bekannter und weniger bekannter Wörter. Den Schülern sollte also genügend Zeit zum Nachdenken gegeben werden. Fehler bei der Dehnungs- oder Dopplungsschreibung werden gemeinsam eingehend besprochen; vor allem muss der Grund für die Fehler gefunden werden: Die Schreibung ist nicht richtig, weil...
Gründe können sein: Betonten Vokal nicht erkannt, Klangqualität nicht erkannt, Grundregeln zur Dopplung oder zum Dehnungs-h nicht beachtet, gebeugte Wortformen nicht beachtet, Zusatzregeln vergessen. Hilfe kann dann gezielt über die bereits durchgenommenen und nun etwas modifizierten Übungen gegeben werden.
(Zur Dopplung siehe Fördersequenz Band 2.)

Zerstörung eines Paradieses
Viele Jugendliche interessieren sich für Natur und Umwelt. Bei Umfragen, worüber sie sich für die Zukunft Sorgen machen, steht die Umweltzerstörung oft an einer der ersten Stellen. Immer mehr Jugendliche sehen dabei auch über den sprichwörtlichen Tellerrand. Unter anderem schauen sie auf die Länder der sogenannten Dritten Welt, in denen natürliche Lebensräume für Menschen, Tiere und Pflanzen zunehmend bedroht sind und die Artenvielfalt **gefährdet** ist, zum Beispiel in den kostbaren Regenwäldern. Daran sind wir Menschen in den Industriestaaten maßgeblich beteiligt; Stichwort: Bio-Sprit für Autos. Weil sie sich verantwortlich **fühlen** und weil sie Mitleid mit den betroffenen Lebewesen haben, engagieren sich junge Menschen in Organisationen und Netzwerken wie dem BUND, World Wildlife Fund oder „Rettet den Regenwald e.V." Eine dieser Jugendlichen ist Svenja. Sie **erzählt**:
„Vor kurzem habe ich einen Artikel im ‚Regenwald Report' gelesen. Darin hat Christiane Zander über die Situation in Kenia geschrieben. Dort stirbt für unseren Bio-Sprit die Natur. Eine Million Rinder, Ziegen und Schafe weiden in den Auen des Tana-Deltas. Doch genau hier ist der Anbau von **Zuckerrohr** geplant. 200 Quadratkilometer soll die erste industrielle Plantage umfassen. Durch das Projekt würden 25.000 Menschen aus ihrer Heimat vertrieben und das vielfältige Zusammenleben von Tieren und Pflanzen zerstört. Außerdem hat der Tana-Fluss in der Trockenzeit gar nicht genug Wasser für die Zuckerrohr-Plantagen. Es sei denn, man leitet es ab – und lässt die Bauern, die Hirten und Fischer auf dem Trockenen zurück."
Svenja weiß schon gut Bescheid, auch über die **Unternehmen**, die in Kenia aktiv sind. „Da sind mindestens zwei weitere internationale Konzerne, die das fruchtbare Land unter Energiepflanzen für Agrosprit begraben wollen", erklärt sie. „Dort, wo Zuckerrohr angebaut werden soll, liegen 32 Dörfer, die um ihren Lebensraum kämpfen."
Was müsste geschehen? Svenja meint: „Es wäre gut, wenn das Tana-Delta Schutzgebiete bekäme. Es ist die Heimat von 350 Vogelarten. Viele Amphibien- und Reptilienarten gibt es nur hier. Wie kann man das alles so einfach zerstören? Die Menschen, die auf diesem Land leben, brauchen ein Anhörungs- und Mitspracherecht. Dafür müssen die Konzerne in Europa sorgen, die in Kenia Geschäfte machen wollen", fordert Svenja.

© Prof. Dr. Friedrich Schönweiss, Uni Münster • www.lernserver.de • Lernserver-Institut – Verlag für Bildungsmedien GmbH

Doppeln oder dehnen? Lückendiktat ohne Ausnahmen

Hinweis für den Lehrenden:

Bei dem Diktat geht es nicht um Schnelligkeit und nicht um die Vergabe von Noten, sondern um das Rekapitulieren der gelernten Regeln bzgl. bekannter und weniger bekannter Wörter. Den Schülern sollte also genügend Zeit zum Nachdenken gegeben werden. Fehler bei der Dehnungs- oder Dopplungsschreibung werden gemeinsam eingehend besprochen; vor allem muss der Grund für die Fehler gefunden werden: Die Schreibung ist nicht richtig, weil...

Gründe können sein: Betonten Vokal nicht erkannt, Klangqualität nicht erkannt, Grundregeln zur Dopplung oder zum Dehnungs-h nicht beachtet, gebeugte Wortformen nicht beachtet, Zusatzregeln vergessen. Hilfe kann dann gezielt über die bereits durchgenommenen und nun etwas modifizierten Übungen gegeben werden.

(Zur Dopplung siehe Fördersequenz Band 2.)

Zerstörung eines Paradieses

Viele Jugendliche interessieren sich für Natur und Umwelt. Bei Umfragen, worüber sie sich für die Zukunft Sorgen machen, steht die Umweltzerstörung oft an einer der ersten Stellen. Immer **mehr** Jugendliche sehen dabei auch über den sprichwörtlichen Tellerrand. Unter anderem schauen sie auf die Länder der so genannten Dritten Welt, in denen natürliche Lebensräume für Menschen, Tiere und Pflanzen **zunehmend** bedroht sind und die Artenvielfalt **gefährdet** ist, zum Beispiel in den kostbaren Regenwäldern. Daran sind wir Menschen in den Industriestaaten maßgeblich beteiligt; Stichwort: Bio-Sprit für Autos. Weil sie sich verantwortlich **fühlen** und weil sie Mitleid mit den betroffenen Lebewesen haben, engagieren sich junge Menschen in Organisationen und Netzwerken wie dem BUND, World Wildlife Fund oder „Rettet den Regenwald e.V.“ Sie informieren sich im Internet, unterschreiben Aufrufe und beteiligen sich an Spendensammlungen.

Eine dieser Jugendlichen ist Svenja. Sie **erzählt**:

„Vor kurzem habe ich einen Artikel im ‚Regenwald Report‘ gelesen. Darin hat Christiane Zander über die Situation in Kenia geschrieben. Dort stirbt für unseren Bio-Sprit die Natur. Eine Million Rinder, Ziegen und Schafe weiden in den Auen des Tana-Deltas. Doch genau hier ist der Anbau von **Zuckerrohr** geplant. 200 Quadratkilometer soll die erste industrielle Plantage umfassen. Das Gemeinschaftsprojekt von Kenias größtem Zuckerproduzenten Mumias und der halbstaatlichen Agentur TARDA wurde im Juni 2008 **genehmigt**. Aber die Studien über die Umweltverträglichkeit des Projektes waren sehr mangelhaft und Umweltschützer konnten es vorerst stoppen. Durch das Projekt würden 25.000 Menschen aus ihrer Heimat vertrieben und das vielfältige Zusammenleben von Tieren und Pflanzen zerstört. Außerdem hat der Tana-Fluss in der Trockenzeit gar nicht genug Wasser für die Zuckerrohr-Plantagen. Es sei denn, man leitet es ab – und lässt die Bauern, die Hirten und Fischer auf dem Trockenen zurück.“

Svenja weiß schon gut Bescheid, auch über die **Unternehmen**, die in Kenia aktiv sind. „Da sind mindestens zwei weitere internationale Konzerne, die das fruchtbare Land unter Energiepflanzen für Agrosprit begraben wollen“, erklärt sie. „Dort, wo Zuckerrohr angebaut werden soll, liegen 32 Dörfer, die um ihren Lebensraum kämpfen.“

Was müsste geschehen? Svenja meint: „Es wäre gut, wenn das Tana-Delta Schutzgebiete bekäme. Es ist die Heimat von 350 Vogelarten. In den Flusswäldern leben zwei der weltweit am meisten **gefährdeten** Primatenarten: der Tana-Stummelschwanzaffe und die Tana-Mangabe. Viele Amphibien- und Reptilienarten gibt es nur hier. Wie kann man das alles so einfach zerstören? Die Menschen, die auf diesem Land leben, brauchen ein Anhörungs- und Mitspracherecht. Dafür müssen die Konzerne in Europa sorgen, die in Kenia Geschäfte machen wollen“, fordert Svenja.

© Prof. Dr. Friedrich Schönweiss, Uni Münster • www.lernserver.de • Lernserver-Institut – Verlag für Bildungsmedien GmbH
lernserver Individuelle Förderung

Doppeln oder dehnen? Wortdiktat und Bingo mit Ausnahmen

Dehnungs-h-Wörter zum Diktieren:

Wörter mit Dehnungs-h	Wörter ohne Dehnungs-h	
Zahl	**ohne Dehnungszeichen**	**mit Doppelkonsonant-buchstaben**
Sohn	Pute (kein l, m, n, r)	toll
Lehne	Keule (Zwielaut)	Stamm
Uhr	baden (kein l, m, n, r)	rennen
Hahn	Schule (Quatsch-Regel)	sich irren
Möhre	quer (Quatsch-Regel)	Kummer
Stuhl (Ausnahmewort der 2. Ausnahme)	Kran (Mitlauthäufung)	gefällt
Lehm	spülen (Mitlauthäufung)	verdünnt
wühlen	verlegen (kein l, m, n, r)	völlig
wohnen	tot (kein l, m, n, r)	Wanne
fehlen	genug (kein l, m, n, r)	bellen
wählen	spät (kein l, m, n, r)	flimmern
kühn	holen (Merkwort)	sonnig
zahm	faulig (Zwielaut)	innen
kahl	vorsagen (kein l, m, n, r)	Fell
wohl	steil (Zwielaut)	Müller
sehr	scheinbar (Zwielaut, Nach-silbe)	spannen
ohne	Ware (Merkwort)	prall
während	Öl (Merkwort)	stellen
zehn	hören (Merkwort)	Barren

lernserver Individuelle Förderung | © Prof. Dr. Friedrich Schönweiss, Uni Münster • www.lernserver.de • Lernserver-Institut – Verlag für Bildungsmedien GmbH

Doppeln oder dehnen? Wortdiktat und Bingo mit Ausnahmen

Dehnungs-h-Wörter zum Diktieren:

Wörter mit Dehnungs-h	Wörter ohne Dehnungs-h	
Zahl	**ohne Dehnungszeichen**	**mit Doppelkonsonant-buchstaben**
Sohn	Pute	toll
Lehne	Keule	Stamm
Uhr	baden	rennen
Hahn	Schule	sich irren
Möhre	quer	Kummer
Stuhl (Ausnahmewort der 2. Ausnahme)	bequem	gefällt
Lehm	spülen	verdünnt
Kuhle	verlegen	völlig
wohnen	tot	Wanne
fehlen	genug	bellen
wählen	spät	flimmern
kühn	holen	sonnig
zahm	faulig	innen
kahl	vorsagen	Fell
wohl	steil	Müller
sehr	scheinbar	spannen
ohne	Ware	prall
während	Öl	stellen
zehn	stören	Barren
Ehre	Regal	kitzeln
Mühle	pur	Stulle
Gewühl	Zitrone	Mücke
ahnen	Samen	wellig
zahm	geboren	zerren

© Prof. Dr. Friedrich Schönweiss, Uni Münster • www.lernserver.de • Lernserver-Institut – Verlag für Bildungsmedien GmbH

Doppeln oder dehnen? Wortdiktat und Bingo mit Ausnahmen

Dehnungs-h-Wörter zum Diktieren:

Wörter mit Dehnungs-h	Wörter ohne Dehnungs-h	
Zahl	**ohne Dehnungszeichen**	**mit Doppelkonsonant-buchstaben**
Lehne	Keule	Stamm
Hahn	Schule	sich irren
Möhre	quer	Kummer
Stuhl	bequem	gefällt
Lehm	spülen	verdünnt
Kuhle	verlegen	völlig
wohnen	tot	Wanne
fehlen	genug	bellen
wählen	spät	flimmern
kühn	holen	sonnig
zahm	faulig	innen
kahl	vorsagen	Fell
wohl	steil	Müller
ernähren	scheinbar	spannen
ohne	Ware	prall
während	Öl	stellen
zehn	stören	Barren
Ehre	Regal	kitzeln
Mühle	Zone	Stulle
Gewühl	Zitrone	Mücke
ahnen	Samen	wellig
zahm	geboren	zerren
Sühne	wenig	wackeln
prahlen	selig	knorrig
zehren	gären	hitzig

© Prof. Dr. Friedrich Schönweiss, Uni Münster • www.lernserver.de • Lernserver-Institut – Verlag für Bildungsmedien GmbH

Informeller Abschlusstest (Seite 1)

Hinweis für den Lehrenden:
Die Lehrkraft liest den Text „Europameister aus Oberfranken" vor, klärt ggf. Verständnisfragen.
Die Schüler erhalten den Lückentext. Die Lehrkraft liest satzweise und diktiert dabei die Lückenwörter.
Das Tempo muss so gestaltet sein, dass die Schüler die Regeln rekapitulieren und umsetzen können. Bei Unsicherheit dürfen die Schüler das betreffende Wort unterringeln und am Ende des Diktats noch einmal auf seine Richtigkeit hin überprüfen.
Die richtige Rechtschreibung kann von einem Lernpartner kontrolliert werden, der das Lösungsblatt erhalten hat, oder von der Lehrperson.
Die Fehler sollten inhaltlich gemäß den gelernten Regeln besprochen werden.
Die Schüler erhalten eine Rückmeldung zu ihrem Lernfortschritt, ebenso zu noch vorhandenen Defiziten und weiteren Übungsmöglichkeiten.

„Europameister" aus Oberfranken
Der Fußball überwindet Grenzen zwischen Völkern und Sprachen. Diese Erfahrung machen seit acht Jahren junge Deutsche und Tschechen im bayerischen Hof. Und so fing es an:

Ein kleines oberfränkisches Dorf in der Nähe der tschechischen Grenze fühlte sich allein nicht in der Lage, einen eigenen Fußballverein zu unterhalten. Genauso erging es einem Nachbardorf auf der anderen Seite. Die Lösung: Sie taten sich zusammen und gründeten die Deutsch-Tschechische Fußballschule. Menschen verschiedener Herkunft und auch sozialer Schichten können über die „Sprache" des Fußballs einander verstehen und sich miteinander verbinden. Sie lernen gemeinsam Fußballspielen und werden echte „Europameister", denn sie überwinden Vorurteile und tragen auf kleinem Raum zum Zusammenwachsen Europas bei.

Hören wir einige Stimmen zu dem Pilotprojekt!

Antek: „Nach dem Training und einer kleinen Pause tragen wir gemeinsam die Tore auf den Platz. Dann können wir sogar ein echtes Fußballmatch austragen."
Bernhard: „Unser Sprachunterricht ist keine Quälerei. Er findet bei strahlendem Wetter am Spielfeldrand statt. Tereza legt Kärtchen aus und fragt uns zum Beispiel, was ‚Elfmeter' auf Tschechisch heißt."
Christian: „Ich habe im vergangenen Jahrzehnt miterlebt, wie schwer es ist, wenn einstmals getrennte Völker zusammenwachsen sollen. Als ich in Hof studierte, kam ich auf die Idee mit der Fußballschule."
Daniel: „Ich war auch an der Universität in Hof. Ich denke, bei Europa geht es nicht nur um wirtschaftlichen Nutzen. Das Zwischenmenschliche muss sich entwickeln."
Emilia: „Ich war das erste Mädchen auf der Fußballschule. Inzwischen kommen immer mehr dazu."
Frantek: „Früher dachte ich, die Deutschen sind hochnäsig. Jetzt kenne ich aber viele, die sehr nett sind und nicht prahlerisch."
Gerald: „Auf dem Platz zählt nicht, woher du kommst. Es kommt nur darauf an, wie du spielst. Und vieles kann man mit Händen und Füßen klären."
Heino: „Frantek ist mein Freund. Er ist nicht hinterlistig und er klaut nicht. Genau so etwas hatte man mir aber vorher über die Tschechen erzählt."
Ingo: „Vorurteile werden an die nächste Generation weitergegeben, obwohl sie jeder Grundlage entbehren."
Jan: „Der Fußball führt uns zusammen, denn er ist der Lieblingssport der Deutschen und der Tschechen."
Klaus: „Seit 2008 bin ich Hilfstrainer. Wir lehren die Kinder das Fußballspielen und nebenher die Sprache ihres Nachbarn."

© Prof. Dr. Friedrich Schönweiss, Uni Münster • www.lernserver.de • Lernserver-Institut – Verlag für Bildungsmedien GmbH
Lernserver Individuelle Förderung

Informeller Abschlusstest (Seite 2)

Lukás: „Wenn unser Kleinbus mal im Stau steht, vermisst mein Freund Dennis meine Anwesenheit. Er hat viel Talent und wir sind öfter Übungspartner im Training."
Martin: „Das meiste Tschechisch habe ich nicht im Unterrichtsraum gelernt, sondern auf dem Spielfeld."
Nikolas: „Die Fußballschule ist ein Förderverein für begabte Spieler aus beiden Ländern. Ohne sie hätten wir in dieser Region kaum Möglichkeiten, unsere Fähigkeiten auszubauen."
Otto: „Wir arbeiten mit dem 1. FC Nürnberg und dem FC Bayern zusammen. Das garantiert Ausbildung von höchster Qualität."
Pavel: „Meine Eltern nehmen fast 100 Kilometer Anfahrt in Kauf, damit ich hier trainieren kann. Ich will mal so berühmt werden wie Pavel Nedved, unser großer Nationalspieler."
Quentin: „Ich weiß jetzt, was ‚Schwalbe' auf Tschechisch heißt – simulovaní. Komisches Wort, nicht?"
Robert: „Es macht Spaß, die kleine Europamannschaft zu trainieren. Gerald und ich haben sie gut im Griff."
Sebastian: „Letzten Monat sind wir zu einem Trainingscamp nach Prag gefahren. Das war schön!"
Tereza: „Ich kann dieses Programm nur empfehlen, bei dem die Kinder die sprachlichen Grundlagen für den Austausch im Alltag erlernen."
Urban: „Am Anfang war es schlimm, wenn unsere gemischte Mannschaft sich eine Niederlage abholte. Dann sagten die Tschechen, die Deutschen seien schuld. Und die Deutschen beklagten sich über die Tschechen."
Valentin: „Wir können bärenstark zusammen spielen und gewinnen."
Walter: „Wenn die Eltern zu ehrgeizig sind, verlieren sie das Ziel der Völkerverständigung schon mal aus den Augen."
Xaver: „Es ist ideal, dass unser Training auf beide Grenzgebiete verteilt ist. Im Winter ist der moderne Kunstrasenplatz in Franzensbad die bessere Wahl im Vergleich zu den deutschen Sportplätzen."
Yvonne: „Mein Jüngster spielt in der ‚Mannschaft Europa' mit. Wenn wir am Spielfeldrand stehen, spüren wir, dass manche Väter das Spiel auf dem grünen Rasen ernster nehmen als ihre Söhne."
Zoran: „Wir waren schon mal beim Bundespräsidenten eingeladen. Er hat unsere Erfolge mit einer Auszeichnung gekrönt und im Schlosspark mit uns gekickt."

Die Fußballschule finanziert sich aus Mitgliedsbeiträgen der Eltern und Geldern der EU. Für internationale Turniere und Camps werden die Eltern nochmals um Unterstützung gebeten, aber es gibt auch einen Sozialfonds für die weniger Reichen.
Der UEFA-Präsident Platini hat Recht: „Unseren Jüngsten ist Rassismus fremd. Sie sind offen und neugierig auf die Begegnung mit anderen Kulturen."

© Prof. Dr. Friedrich Schönweiss, Uni Münster • www.lernserver.de • Lernserver-Institut – Verlag für Bildungsmedien GmbH

Informeller Abschlusstest (Seite 1)

Hinweis für den Lehrenden:

Die Lehrkraft liest den Text „Europameister aus Oberfranken“ vor, klärt ggf. Verständnisfragen.
Die Schüler erhalten den Lückentext. Die Lehrkraft liest satzweise und diktiert dabei die Lückenwörter.
Das Tempo muss so gestaltet sein, dass die Schüler die Regeln rekapitulieren und umsetzen können. Bei Unsicherheit dürfen die Schüler das betreffende Wort unterringeln und am Ende des Diktats noch einmal auf seine Richtigkeit hin überprüfen.
Die richtige Rechtschreibung kann von einem Lernpartner kontrolliert werden, der das Lösungsblatt erhalten hat, oder von der Lehrperson.
Die Fehler sollten inhaltlich gemäß den gelernten Regeln besprochen werden.
Die Schüler erhalten eine Rückmeldung zu ihrem Lernfortschritt, ebenso zu noch vorhandenen Defiziten und weiteren Übungsmöglichkeiten.

„Europameister“ aus Oberfranken
Der Fußball überwindet Grenzen zwischen Völkern und Sprachen. Diese Erfahrung machen seit acht Jahren junge Deutsche und Tschechen im bayerischen Hof. Und so fing es an:

Ein kleines oberfränkisches Dorf in der Nähe der tschechischen Grenze fühlte sich allein nicht in der Lage, einen eigenen Fußballverein zu unterhalten. Genauso erging es einem Nachbardorf auf der anderen Seite. Die Lösung: Sie taten sich zusammen und gründeten die Deutsch-Tschechische Fußballschule. Menschen verschiedener Herkunft und auch sozialer Schichten können über die „Sprache“ des Fußballs einander verstehen und sich miteinander verbinden. Sie lernen gemeinsam Fußballspielen und werden echte „Europameister“, denn sie überwinden Vorurteile und tragen auf kleinem Raum zum Zusammenwachsen Europas bei.

Hören wir einige Stimmen zu dem Pilotprojekt!

Antek: „Nach dem Training und einer kleinen Pause tragen wir gemeinsam die Tore auf den Platz. Dann können wir sogar ein echtes Fußballmatch austragen.“
Bernhard: „Unser Sprachunterricht ist keine Quälerei. Er findet bei strahlendem Wetter am Spielfeldrand statt. Tereza legt Kärtchen aus und fragt uns zum Beispiel, was ‚Elfmeter‘ auf Tschechisch heißt.“
Christian: „Ich habe im vergangenen Jahrzehnt miterlebt, wie schwer es ist, wenn einstmals getrennte Völker zusammenwachsen sollen. Als ich in Hof studierte, kam ich auf die Idee mit der Fußballschule.“
Daniel: „Ich war auch an der Universität in Hof. Ich denke, bei Europa geht es nicht nur um wirtschaftlichen Nutzen. Das Zwischenmenschliche muss sich entwickeln.“
Emilia: „Ich war das erste Mädchen auf der Fußballschule. Inzwischen kommen immer mehr dazu.“
Frantek: „Früher dachte ich, die Deutschen sind hochnäsig. Jetzt kenne ich aber viele, die sehr nett sind und nicht prahlerisch.“
Gerald: „Auf dem Platz zählt nicht, woher du kommst. Es kommt nur darauf an, wie du spielst. Und vieles kann man mit Händen und Füßen klären.“
Heino: „Frantek ist mein Freund. Er ist nicht hinterlistig und er klaut nicht. Genau so etwas hatte man mir aber vorher über die Tschechen erzählt.“
Ingo: „Vorurteile werden an die nächste Generation weitergegeben, obwohl sie jeder Grundlage entbehren.“
Jan: „Der Fußball führt uns zusammen, denn er ist der Lieblingssport der Deutschen und der Tschechen.“
Klaus: „Seit 2008 bin ich Hilfstrainer. Wir lehren die Kinder das Fußballspielen und nebenher die Sprache ihres Nachbarn.“
Lukás: „Wenn unser Kleinbus mal im Stau steht, vermisst mein Freund Dennis meine Anwesenheit. Er hat viel Talent und wir sind öfter Übungspartner im Training.“

© Prof. Dr. Friedrich Schönweiss, Uni Münster • www.lernserver.de • Lernserver-Institut – Verlag für Bildungsmedien GmbH
Lernserver Individuelle Förderung

Informeller Abschlusstest (Seite 2)

Martin: „Das meiste Tschechisch habe ich nicht im Unterrichtsraum gelernt, sondern auf dem Spielfeld."
Nikolas: „Die Fußballschule ist ein Förderverein für begabte Spieler aus beiden Ländern. Ohne sie hätten wir in dieser Region kaum Möglichkeiten, unsere Fähigkeiten auszubauen."
Otto: „Wir arbeiten mit dem 1. FC Nürnberg und dem FC Bayern zusammen. Das garantiert Ausbildung von höchster Qualität."
Pavel: „Meine Eltern nehmen fast 100 Kilometer Anfahrt in Kauf, damit ich hier trainieren kann. Ich will mal so berühmt werden wie Pavel Nedved, unser großer Nationalspieler."
Quentin: „Ich weiß jetzt, was ‚Schwalbe' auf Tschechisch heißt – simulovaní. Komisches Wort, nicht?"
Robert: „Es macht Spaß, die kleine Europamannschaft zu trainieren. Gerald und ich haben sie gut im Griff."
Sebastian: „Letzten Monat sind wir zum Trainingscamp nach Prag gefahren. Das war schön!"
Tereza: „Ich kann dieses Programm nur empfehlen, bei dem die Kinder die sprachlichen Grundlagen für den Austausch im Alltag erlernen."
Urban: „Am Anfang war es schlimm, wenn unsere gemischte Mannschaft sich eine Niederlage abholte. Dann sagten die Tschechen, die Deutschen seien schuld. Und die Deutschen beklagten sich über die Tschechen."
Valentin: „Wir können bärenstark zusammen spielen und zusammen gewinnen."
Walter: „Wenn die Eltern zu ehrgeizig sind, verlieren sie das Ziel der Völkerverständigung schon mal aus den Augen."
Xaver: „Es ist ideal, dass unser Training auf beide Grenzgebiete verteilt ist. Im Winter ist der moderne Kunstrasenplatz in Franzensbad die bessere Wahl im Vergleich zu den deutschen Sportplätzen."
Yvonne: „Mein Jüngster spielt in der ‚Mannschaft Europa' mit. Wenn wir am Spielfeldrand stehen, spüren wir, dass manche Väter das Spiel auf dem grünen Rasen ernster nehmen als ihre Söhne."
Zoran: „Wir waren schon mal beim Bundespräsidenten eingeladen. Er hat unsere Erfolge mit einer Auszeichnung gekrönt und im Schlosspark mit uns gekickt."

Die Fußballschule finanziert sich aus Mitgliedsbeiträgen der Eltern und Geldern der EU. Für internationale Turniere und Camps werden die Eltern nochmals um Unterstützung gebeten, aber es gibt auch einen Sozialfonds für die weniger Reichen.
Der UEFA-Präsident Platini hat Recht: „Unseren Jüngsten ist Rassismus fremd. Sie sind offen und neugierig auf die Begegnung mit anderen Kulturen."

© Prof. Dr. Friedrich Schönweiss, Uni Münster • www.lernserver.de • Lernserver-Institut – Verlag für Bildungsmedien GmbH

Informeller Abschlusstest (Seite 1)

Hinweis für den Lehrenden:
Die Lehrkraft liest den Text „Europameister aus Oberfranken" vor, klärt ggf. Verständnisfragen.
Die Schüler erhalten den Lückentext. Die Lehrkraft liest satzweise und diktiert dabei die Lückenwörter. Das Tempo muss so gestaltet sein, dass die Schüler die Regeln rekapitulieren und umsetzen können. Bei Unsicherheit dürfen die Schüler das betreffende Wort unterringeln und am Ende des Diktats noch einmal auf seine Richtigkeit hin überprüfen.
Die richtige Rechtschreibung kann von einem Lernpartner kontrolliert werden, der das Lösungsblatt erhalten hat, oder von der Lehrperson.
Die Fehler sollten inhaltlich gemäß den gelernten Regeln besprochen werden.
Die Schüler erhalten eine Rückmeldung zu ihrem Lernfortschritt, ebenso zu noch vorhandenen Defiziten und weiteren Übungsmöglichkeiten.

„Europameister" aus Oberfranken
Der Fußball überwindet Grenzen zwischen Völkern und Sprachen. Diese Erfahrung machen seit acht Jahren junge Deutsche und Tschechen im bayerischen Hof. Und so fing es an:

Ein kleines oberfränkisches Dorf in der Nähe der tschechischen Grenze fühlte sich allein nicht in der Lage, einen eigenen Fußballverein zu unterhalten. Genauso erging es einem Nachbardorf auf der anderen Seite. Die Lösung: Sie taten sich zusammen und gründeten die Deutsch-Tschechische Fußballschule. Menschen verschiedener Herkunft und auch sozialer Schichten können über die „Sprache" des Fußballs einander verstehen und sich miteinander verbinden. Sie lernen gemeinsam Fußballspielen und werden echte „Europameister", denn sie überwinden Vorurteile und tragen auf kleinem Raum zum Zusammenwachsen Europas bei.

Hören wir einige Stimmen zu dem Pilotprojekt!

Antek: „Nach dem Training und einer kleinen Pause tragen wir gemeinsam die Tore auf den Platz. Dann können wir sogar ein echtes Fußballmatch austragen."
Bernhard: „Unser Sprachunterricht ist keine Quälerei. Er findet bei strahlendem Wetter am Spielfeldrand statt. Tereza legt Kärtchen aus und fragt uns zum Beispiel, was ‚Elfmeter' auf Tschechisch heißt."
Christian: „Ich habe im vergangenen Jahrzehnt miterlebt, wie schwer es ist, wenn einstmals getrennte Völker zusammenwachsen sollen. Als ich in Hof studierte, kam ich auf die Idee mit der Fußballschule."
Daniel: „Ich war auch an der Universität in Hof. Ich denke, bei Europa geht es nicht nur um wirtschaftlichen Nutzen. Das Zwischenmenschliche muss sich entwickeln."
Emilia: „Ich war das erste Mädchen auf der Fußballschule. Inzwischen kommen immer mehr dazu."
Frantek: „Früher dachte ich, die Deutschen sind hochnäsig. Jetzt kenne ich aber viele, die sehr nett sind und nicht prahlerisch."
Gerald: „Auf dem Platz zählt nicht, woher du kommst. Es kommt nur darauf an, wie du spielst. Und vieles kann man mit Händen und Füßen klären."
Heino: „Frantek ist mein Freund. Er ist nicht hinterlistig und er klaut nicht. Genau so etwas hatte man mir aber vorher über die Tschechen erzählt."
Ingo: „Vorurteile werden an die nächste Generation weitergegeben, obwohl sie jeder Grundlage entbehren."
Jan: „Der Fußball führt uns zusammen, denn er ist der Lieblingssport der Deutschen und der Tschechen."
Klaus: „Seit 2008 bin ich Hilfstrainer. Wir lehren die Kinder das Fußballspielen und nebenher die Sprache ihres Nachbarn."

© Prof. Dr. Friedrich Schönweiss, Uni Münster • www.lernserver.de • Lernserver-Institut – Verlag für Bildungsmedien GmbH
Lernserver Individuelle Förderung

Informeller Abschlusstest (Seite 2)

Lukás: „Wenn unser Kleinbus mal im Stau steht, vermisst mein Freund Dennis meine Anwesenheit. Er hat viel Talent und wir sind öfter Übungspartner im Training."
Martin: „Das meiste Tschechisch habe ich nicht im Unterrichtsraum gelernt, sondern auf dem Spielfeld."
Nikolas: „Die Fußballschule ist ein Förderverein für begabte Spieler aus beiden Ländern. Ohne sie hätten wir in dieser Region kaum Möglichkeiten, unsere Fähigkeiten auszubauen."
Otto: „Wir arbeiten mit dem 1. FC Nürnberg und dem FC Bayern zusammen. Das garantiert Ausbildung von höchster Qualität."
Pavel: „Meine Eltern nehmen fast 100 Kilometer Anfahrt in Kauf, damit ich hier trainieren kann. Ich will mal so berühmt werden wie Pavel Nedved, unser großer Nationalspieler."
Quentin: „Ich weiß jetzt, was ‚Schwalbe' auf Tschechisch heißt – simulovaní. Komisches Wort, nicht?"
Robert: „Es macht Spaß, die kleine Europamannschaft zu trainieren. Gerald und ich haben sie gut im Griff."
Sebastian: „Letzten Monat sind wir zu einem Trainingscamp nach Prag gefahren. Das war schön!"
Tereza: „Ich kann dieses Programm nur empfehlen, bei dem die Kinder die sprachlichen Grundlagen für den Austausch im Alltag erlernen."
Urban: „Am Anfang war es schlimm, wenn unsere gemischte Mannschaft sich eine Niederlage abholte. Dann sagten die Tschechen, die Deutschen seien schuld. Und die Deutschen beklagten sich über die Tschechen."
Valentin: „Wir können bärenstark zusammen spielen und zusammen gewinnen."
Walter: „Wenn die Eltern zu ehrgeizig sind, verlieren sie das Ziel der Völkerverständigung schon mal aus den Augen."
Xaver: „Es ist ideal, dass unser Training auf beide Grenzgebiete verteilt ist. Im Winter ist der moderne Kunstrasenplatz in Franzensbad die bessere Wahl im Vergleich zu den deutschen Sportplätzen."
Yvonne: „Mein Jüngster spielt in der ‚Mannschaft Europa' mit. Wenn wir am Spielfeldrand stehen, spüren wir, dass manche Väter das Spiel auf dem grünen Rasen ernster nehmen als ihre Söhne."
Zoran: „Wir waren schon mal beim Bundespräsidenten eingeladen. Er hat unsere Erfolge mit einer Auszeichnung gekrönt und im Schlosspark mit uns gekickt."

Die Fußballschule finanziert sich aus Mitgliedsbeiträgen der Eltern und Geldern der EU. Für internationale Turniere und Camps werden die Eltern nochmals um Unterstützung gebeten, aber es gibt auch einen Sozialfonds für die weniger Reichen.
Der UEFA-Präsident Platini hat Recht: „Unseren Jüngsten ist Rassismus fremd. Sie sind offen und neugierig auf die Begegnung mit anderen Kulturen."

© Prof. Dr. Friedrich Schönweiss, Uni Münster • www.lernserver.de • Lernserver-Institut – Verlag für Bildungsmedien GmbH

Übungen zu den Doppelvokalen

Name:

Merkwörter mit aa zum Einprägen

Die **Doppelvokale** (aa, ee, oo) sind **zusätzliche** Dehnungszeichen.
Für sie gibt es leider *keine* Regel.
Da Doppelvokale aber nur in wenigen Wörtern vorkommen,
kannst du dir diese Wörter schnell einprägen.

Merkwörter mit aa

der Aal	das Paar
das Aas	ein paar
das Haar	die Saale
die Waage	die Saar
der Saal	Saarbrücken
die Saat	die Maas
der Staat	Maastricht

1. Die letzten fünf Wörter der rechten Spalte sind Eigennamen.

- Finde heraus, was davon Länder, Städte und Flüsse sind.
- Du kannst das Internet oder ein Lexikon benutzen.

2. Präge dir die Merkwörter ein. Wähle dazu eine der drei Möglichkeiten:

Der Schriftsteller	Der Maler	Der Komponist
Schreibe mit jedem Merkwort einen Satz. Vielleicht schaffst du es sogar, eine kleine Geschichte zu verfassen, in der alle Merkwörter vorkommen.	Male zu jedem Merkwort ein kleines Bild. Falls dir keines einfällt, kannst du das Wort auch als buntes Graffito gestalten. Deiner Phantasie sind keine Grenzen gesetzt!	Erfinde einen kurzen Song, in dem alle Merkwörter auftauchen. Du kannst einen bekannten Popsong als Vorlage nehmen. Oder fällt dir zu den Wörtern ein Rap ein?

3. Schreibe jetzt alle Merkwörter auswendig auf.

- Wiederhole das, bis du es einmal ganz ohne Nachschauen geschafft hast!

lernserver Individuelle Förderung

© Prof. Dr. Friedrich Schönweiss, Uni Münster • www.lernserver.de • Lernserver-Institut – Verlag für Bildungsmedien GmbH

Name:

Merkwörter mit oo zum Einprägen

Mit oo gibt es nur sehr wenige Wörter. Du kannst sie dir bestimmt leicht merken.

Merkwörter mit oo

das Boot

das Moor

das Moos

doof

der Zoo

1. Lies die Wörter laut vor und stelle dir zu jedem Wort ein Bild vor.

2. Schreibe zu jedem Wort mindestens einen Wortverwandten auf.

____

____

____

____

____

3. Achtung! Es gibt keine doppelten Umlaute!

- Wie wird dann die Verkleinerungsform von „Boot" geschrieben? das ______________
- Bilde einen Satz mit diesem Wort:

____

4. Decke die Liste mit den oo-Wörtern ab und schreibe alle Wörter auswendig auf:

____

____

© Prof. Dr. Friedrich Schönweiss, Uni Münster • www.lernserver.de • Lernserver-Institut – Verlag für Bildungsmedien GmbH

lernserver Individuelle Förderung

Name:

Merkwörter mit ee zum Einprägen (Seite 1)

Wörter mit ee sind etwas häufiger. Viele sind Fremdwörter.

Merkwörter mit ee

das Beet	die Idee
der Tee	der Kaffee
der See	das Püree
der Klee	die Orchidee
die Fee	die Allee
der Schnee	die Armee
leer	das Gelee
das Meer	die Moschee
der Teer	das Klischee
das Heer	das Resümee
der Speer	das Komitee
der Lorbeer	das Frottee
die Seele	das Karree
die Beere	das Haschee
die Galeere	das Lee

1. Präge dir zuerst die Wörter in der <u>linken</u> Spalte ein.

- Stelle dir zu jedem Wort ein Bild vor.
- Schließe die Augen und versuche dich an diese Wörter zu erinnern.
- Finde zu jedem Wort einen Wortverwandten.

© Prof. Dr. Friedrich Schönweiss, Uni Münster • www.lernserver.de • Lernserver-Institut – Verlag für Bildungsmedien GmbH

Name:

Merkwörter mit ee zum Einprägen (Seite 2)

2. Nimm dir jetzt die Wörter der rechten Spalte vor.
- Lies sie laut.
- Schreibe für jedes Wort die deutsche Bedeutung auf. Wenn sie dir nicht bekannt ist, schaust du im Wörterbuch oder im Internet nach.

Beispiel:

die Idee: Gedanke, Einfall, Plan

3. Decke die ganze Liste mit den ee-Wörtern ab.
- Versuche alle Wörter auswendig aufzuschreiben.
- Die, die du vergessen hast, schreibst du auf einen extra Zettel.
- Lies dir noch einmal alle Wörter vor und schreibe sie so lange ohne nachzuschauen auf, bis du sie wirklich auswendig weißt.

© Prof. Dr. Friedrich Schönweiss, Uni Münster • www.lernserver.de • Lernserver-Institut – Verlag für Bildungsmedien GmbH
Lernserver Individuelle Förderung

Name:

Merkwörter mit Doppelvokalen vertiefen (Spiel)

Spiel: Bleistiftdrehen mit Doppelvokalen

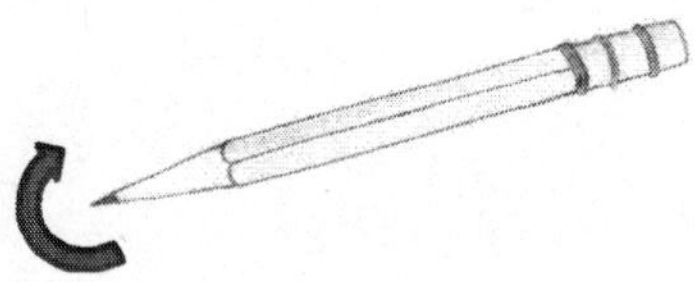

- Suche dir für dieses Spiel zwei Mitspieler.
- Teile jedem von euch einen der Doppelvokale aa, ee und oo zu.
- In die Mitte des Tisches legt ihr einen möglichst langen Bleistift.
- Dreht den Stift. Auf den die Spitze zeigt, dessen Doppelvokal wurde erwählt.
- Dreht nochmals. Der, auf den jetzt die Spitze des Stiftes zeigt, muss ein Wort mit dem ausgewählten Doppelvokal aufschreiben.
- Natürlich darf im ganzen Spiel jedes Wort nur *einmal* aufgeschrieben werden.
- Achtung: Wenn die Merkwörter mit oo aufgebraucht sind, zählt oo ab jetzt als ee.
- Wem kein Wort mehr einfällt, darf zwar noch mitspielen, kann aber nicht mehr gewinnen.
- Sieger ist derjenige, dem am längsten neue Wörter eingefallen sind.

Noch ein paar Tipps:

- Wenn ihr nur zu zweit seid, stellt ihr eine Tasche, eine Flasche oder sonst etwas auf, um den dritten Spieler bei der Auswahl des Doppelvokals zu ersetzen.
- Wenn du niemanden findest, der das Spiel mit dir spielt, lass dich die Merkwörter abfragen.
  - Dein Vater, deine Mutter oder ein Freund nennt dann abwechselnd einen Doppelvokal.
  - Dazu schreibst du ein Merkwort auf.
  - Lass dich so lange abfragen, bis du 15 Merkwörter auswendig aufgeschrieben hast.

oo (5)	aa (14)	ee (30)

© Prof. Dr. Friedrich Schönweiss, Uni Münster • www.lernserver.de • Lernserver-Institut – Verlag für Bildungsmedien GmbH

Name:

Merkwörter mit Doppelvokalen vertiefen (Rätsel)

Löse das Kreuzworträtsel.
Jedes Wort ist eines der Merkwörter mit aa, oo oder ee.

waagerecht		*senkrecht*	
1	„Bei der Hitze könnten wir ein Eis essen." „Das ist eine gute ...!"	2	Anderes Wort für „blöd"
3	Es ist grün und wächst oft an alten Baumstämmen	4	Altertümliches Jagdgerät mit langem Stiel und einer Spitze
5	Lars und Kira sind seit Jahren ein ...	6	Die Hauptstadt des Saarlandes
7	Eine von Bäumen gesäumte Straße	8	Ein langer Raubfisch
9	Julius Caesar trug einen Kranz davon auf dem Kopf.	10	Das Glas ist entweder halb voll oder halb ....
11	Binnengewässer	12	Windabgewandte Seite eines Bootes
13	Sternzeichen	13	Hier sind exotische Tiere versammelt
14	Eine Landschaft, in der man versinken kann	15	Zauberwesen
16	Ein koffeinhaltiges Heißgetränk	17	Viele Soldaten bilden ein ...

© Prof. Dr. Friedrich Schönweiss, Uni Münster • www.lernserver.de • Lernserver-Institut – Verlag für Bildungsmedien GmbH
Lernserver Individuelle Förderung

Name:

Informeller Abschlusstest

Bei dieser Fantasy-Geschichte kannst du zeigen, ob du dir die Wörter mit Doppelvokalen erfolgreich gemerkt hast.

Für jede Lücke gibt es ein passendes Wort mit Doppelvokal. Setze es ein.

Der falsche Wunsch

Es war einmal in der Nähe der deutschen Stadt ________________. Katja und Ulf spazierten auf einer von Bäumen gesäumten ____________. Sie führte an einem ______ vorbei, auf dessen Oberfläche sich die Wolken spiegelten. Am Ufer lag ein __________ mit einem kleinen Segel, das ________ war. Ulf sagte: „Wollen wir einsteigen?“ „Gute ________!“, antwortete Katja, und schon bald legten sie ab. Nach einer Weile sahen sie im Wasser etwas Langes, Dünnes. Katja bekam Angst, aber Ulf beruhigte sie. „Das ist sicher nur ein harmloser _______!“, sagte er, während er das Segel nach _____ zog. Nach einer Viertelstunde erreichten sie das andere Ufer, hinter dem sich ein großes, schlammiges __________ erstreckte. Die wenigen Bäume waren bedeckt mit dunkelgrünem ____________.

„Hier ist es unheimlich und wir werden ganz schmutzig! Das finde ich ________“, grollte Katja. „Wären wir doch lieber in den _______ gegangen.“

Kaum hatte sie das gesagt, fiel zuerst goldener Staub von einem der Bäume und dann purzelte eine leibhaftige ________ mit kleinen, zarten Flügeln herunter. Sie gähnte, glättete ihr langes, schimmerndes ________ und seufzte: „Ihr habt mich aus meinem 100-jährigen Schlaf geweckt! Jetzt muss ich euch einen Wunsch erfüllen. Dabei bin ich noch total müde!“

„Tut uns leid!“, stammelte Katja beschämt. Ulf hingegen dachte bereits fieberhaft darüber nach, was er sich Sinnvolles wünschen könnte. Einen Urlaub am ____________ vielleicht? Nein, da würde ihm noch etwas Spannenderes einfallen...

Das Zauberwesen unterbrach seine Überlegungen und sagte streng: „Der Wunsch wird euch aber nur erfüllt, wenn jeder ein Wort mit Doppelvokal weiß!“

„____________!“, rief Katja schnell. Das Wort fiel ihr sofort ein, weil es ihr Sternzeichen war. Ulf nannte sein Lieblingsgetränk, nämlich frisch gemahlenen ___________. Dann schloss er die Augen und sprach in Gedanken seinen Wunsch aus. Kurz darauf hatte er Raum und Zeit durchquert. Er saß als Julius Caesar auf einem Thron im antiken Rom und war mit einem Kranz aus ____________ bekrönt. Ihm zu Füßen stand sein tausendköpfiges _________. Jeder der Soldaten trug einen goldenen _________ als Waffe. Ulf lächelte zufrieden.

Da tauchte Katja neben ihm auf. Auch sie lächelte und schaute sich um. „Du hast dir dasselbe gewünscht?“, fragte Lars entgeistert. „Ich habe mir gewünscht, wir beide wären ein __________!“, sagte Katja mit leuchtenden Augen. „Freust du dich denn gar nicht?“

„Na ja, ich mag dich schon“, meinte Ulf vorsichtig. „Aber ich stehe nicht so sehr auf Frauen.“

„Dann war das wohl der falsche Wunsch“, murmelte Katja.

lernserver Individuelle Förderung | © Prof. Dr. Friedrich Schönweiss, Uni Münster • www.lernserver.de • Lernserver-Institut – Verlag für Bildungsmedien GmbH

Lösungen zu den Doppelvokalen

Merkwörter mit Doppelvokalen vertiefen (Rätsel)

					2									
			1	I	D	E	E				4			
					O		6				S		8	
			3	M	O	O	S		10	5	P	A	A	R
					F	7	A	L	L	E	E		A	
					12		A		E		E		L	
				9	L	O	R	B	E	E	R			
		11	S	E	E		B		R					
				14	E		R							
				H			U							
		13	W	A	A	G	E				17			
		Z		A			C		15		H			
14	M	O	O	R		16	K	A	F	F	E	E		
		O					E		E		E			
							N		E		R			

© Prof. Dr. Friedrich Schönweiss, Uni Münster • www.lernserver.de • Lernserver-Institut – Verlag für Bildungsmedien GmbH

Informeller Abschlusstest

Hinweis für den Lehrenden:
Der Text kann selbstständig vom Schüler bearbeitet werden, da nur die gelernten Wörter mit Doppelvokalen eingesetzt werden müssen.

Der falsche Wunsch
Es war einmal in der Nähe der deutschen Stadt Saarbrücken. Katja und Ulf spazierten auf einer von Bäumen gesäumten Allee. Sie führte an einem See vorbei, auf dessen Oberfläche sich die Wolken spiegelten. Am Ufer lag ein Boot mit einem kleinen Segel, das leer war. Ulf sagte: „Wollen wir einsteigen?" „Gute Idee!", antwortete Katja, und schon bald legten sie ab. Nach einer Weile sahen sie im Wasser etwas Langes, Dünnes. Katja bekam Angst, aber Ulf beruhigte sie. „Das ist sicher nur ein harmloser Aal!", sagte er, während er das Segel nach Lee zog. Nach einer Viertelstunde erreichten sie das andere Ufer, hinter dem sich ein großes, schlammiges Moor erstreckte. Die wenigen Bäume waren bedeckt mit dunkelgrünem Moos.
„Hier ist es unheimlich und wir werden ganz schmutzig! Das finde ich doof", grollte Katja. „Wären wir doch lieber in den Zoo gegangen."
Kaum hatte sie das gesagt, fiel zuerst goldener Staub von einem der Bäume und dann purzelte eine leibhaftige Fee mit kleinen, zarten Flügeln herunter. Sie gähnte, glättete ihr langes, schimmerndes Haar und seufzte: „Ihr habt mich aus meinem 100-jährigen Schlaf geweckt! Jetzt muss ich euch einen Wunsch erfüllen. Dabei bin ich noch total müde!"
„Tut uns leid!", stammelte Katja beschämt. Ulf hingegen dachte bereits fieberhaft darüber nach, was er sich Sinnvolles wünschen könnte. Einen Urlaub am Meer vielleicht? Nein, da würde ihm noch etwas Spannenderes einfallen... Das Zauberwesen unterbrach seine Überlegungen und sagte streng: „Der Wunsch wird euch aber nur erfüllt, wenn jeder ein Wort mit Doppelvokal weiß!"
„Waage!", rief Katja schnell. Das Wort fiel ihr sofort ein, weil es ihr Sternzeichen war.
Ulf nannte sein Lieblingsgetränk, nämlich frisch gemahlenen Kaffee. Dann schloss er die Augen und sprach in Gedanken seinen Wunsch aus. Kurz darauf hatte er Raum und Zeit durchquert. Er saß als Julius Caesar auf einem Thron im antiken Rom und war mit einem Kranz aus Lorbeer bekrönt. Ihm zu Füßen stand sein tausendköpfiges Heer. Jeder der Soldaten trug einen goldenen Speer als Waffe.
Ulf lächelte zufrieden.
Da tauchte Katja neben ihm auf. Auch sie lächelte und schaute sich um. „Du hast dir dasselbe gewünscht?", fragte Lars entgeistert. „Ich habe mir gewünscht, wir beide wären ein Paar!", sagte Katja mit leuchtenden Augen. „Freust du dich denn gar nicht?"
„Na ja, ich mag dich schon", meinte Ulf vorsichtig. „Aber ich stehe nicht so sehr auf Frauen." „Dann war das wohl der falsche Wunsch", murmelte Katja.

Und? Wie viele Punkte hast du geschafft?

21 und 20 Punkte:
Wow! Du bist ein Meister der Doppelvokale!

19 bis 17 Punkte:
Gute Arbeit. Aber es kann nicht schaden, die Wörter, die du noch nicht richtig geschrieben hast, auf Karteikarten zu notieren und zu wiederholen.

Weniger als 17 Punkte:
Versuche noch einmal, dir die Merkwörter mit Doppelvokalen einzuprägen. Schreibe jedes fehlende oder falsch geschriebene Wort auf eine Karteikarte. Wiederhole diese Wörter eine ganze Woche lang jeden Tag.

© Prof. Dr. Friedrich Schönweiss, Uni Münster • www.lernserver.de • Lernserver-Institut – Verlag für Bildungsmedien GmbH
Lernserver Individuelle Förderung

Übungen zum Silben-h

Name:

Problemerkennung

Ehe, Höhe, gehen

Schau dir diese Wörter an. Sie enthalten ein **„h"**.
Dieses h wird **„Silben-h"** oder **„silbentrennendes h"** genannt.

Was ist ein Silben-h? Wo und wann kann es vorkommen?
Erfülle die Aufgaben, dann kannst du die Antworten selbst herausfinden!

1. Zwischen welchen Buchstaben steht das Silben-h? Prüfe die Wörter im Kasten.

Das Silben-h steht zwischen zwei ______________, um diese voneinander zu trennen.

2. Setze bei den Wörtern im Kasten den Betonungsgipfel ^. Was fällt dir auf?

Das Silben-h steht zwischen einem ______________ ______________ Vokal und einem ________________ Vokal.

3. Was ist der Unterschied zwischen einem Dehnungs-h und einem Silben-h?

Auf das Dehnungs-h folgt immer ein ________________, nämlich __, __, __, oder __.
Auf das Silben-h folgt ein ______________.

4. Wie kann man bei einsilbigen Wörtern die richtige Schreibung herausfinden?
Geschrieben wird:

w**o**, aber Fl**oh**
d**u**, aber K**uh**

Wenn du am Ende einer Silbe oder eines Wortes einen ______________ hörst,
wenn das Wort in ein **zwei**silbiges ________________ werden kann,
wenn die zweite Silbe wieder mit einem ______________ beginnt,
dann muss das silbentrennende h eingesetzt werden.

ein Floh → zwei ______________ zäh → ______________
eine Kuh → zwei ______________ roh → ______________

© Prof. Dr. Friedrich Schönweiss, Uni Münster • www.lernserver.de • Lernserver-Institut – Verlag für Bildungsmedien GmbH

Name:

Position des Silben-h im Wort

1. Welche Wörter verstecken sich hier? Die Bilder helfen dir bei der Suche.
Achtung: In jedem Buchstabensalat fehlt ein Silben-h. Ergänze es an der richtigen Stelle.

Z N E E — die ______________

E R E — die ______________

U E SCH — die ______________

Ü K E — die ______________

R K Ä E — die ______________

L F E Ö — die ______________

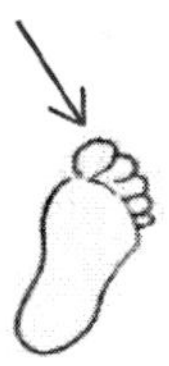

2. Hier handelt es sich um <u>Komposita</u> (zusammengesetzte Wörter).
Zerlege sie in ihre Teile. Bestimme dann für den Teil mit dem Silben-h den Betonungsgipfel ^.

der ______________

der ______________

3. Hier geht es um <u>Verben</u>. Welche Tätigkeiten mit Silben-h sind gemeint?

____

____

____

© Prof. Dr. Friedrich Schönweiss, Uni Münster • www.lernserver.de • Lernserver-Institut – Verlag für Bildungsmedien GmbH | Lernserver Individuelle Förderung

Name:

Ableitungsprinzip erkennen und vertiefen

1. Bilde zu diesen Substantiven den Plural. Kreise dann das Silben-h ein.

der Zeh → die ______________ das Reh →die ______________

der Floh → die ______________ die Kuh →die ______________

2. Bei diesen Substantiven ist es nicht ganz so einfach. Suche nach Ableitungen. Kreise dann das Silben-h ein.

das Stroh → ______________ weh (wenn etwas weh tut) → ______________

3. Bei Adjektiven musst du entweder den Komparativ bilden (schnell - schneller) oder die attributive Form (grün - das grüne Gras):

froh → ______________ zäh → ______________

früh → ______________ roh → ______________

4. Bilde zu den unterstrichenen Verbformen im Text den Infinitiv (die Grundform). Kreise auf beiden Seiten das Silben-h ein.

Frühling

Es <u>steht</u> fest, dass wir Frühling haben. Die Magnolie <u>blüht</u> vor deinem Fenster, ein laues Lüftchen <u>weht</u>, der Nachbar <u>mäht</u> den ganzen Tag lang seinen Rasen und du <u>drehst</u> mit dem Fahrrad eine Runde im Grünen – so <u>geht</u> es doch auch.

Übrigens steckt in dem Text noch ein anderes Wort mit Silben-h. Welches? ______________

Gebeugte Verbform:	Infinitiv:	Gebeugte Verbform:	Infinitiv:

5. Trenne die Komposita in zwei Teile.

- Suche für das Teilwort mit Silben-h die Form, bei der ein Vokal auf das Silben-h folgt.

Kompositum	Teile	Grundform/Ableitung
Glühwürmchen	Glüh – Würmchen	glühen
Brühwürfel		
Nähmaschine		
Drehstuhl		
Frohsinn		
Nahkampf		

© Prof. Dr. Friedrich Schönweiss, Uni Münster • www.lernserver.de • Lernserver-Institut – Verlag für Bildungsmedien GmbH

Name:

Morphemkonstanz verinnerlichen

Wenn ein Wort mit **Silben-h** geschrieben wird, gilt das auch für seine **Ableitungen**:

krä**h**en – der Hahn krä**h**t

Aber: Es gibt Ausnahmen! Du wirst sie später kennenlernen.

1. Konjugiere die Verben und trage die entsprechenden Formen in die Tabelle ein.
- Umkreise anschließend bei allen Formen das Silben-h.
- Vorsicht: Bei einem dieser Verben fällt das Silben-h in der Vergangenheit weg! Warum?

	sehen		
Präsens	ich sehe	du	er
	wir	ihr	sie
Präteritum	ich sah	du	er
	wir	ihr	sie
Partizip Perfekt	gesehen		
	drehen		
Präsens			
Präteritum			
Partizip Perfekt			
	gehen		
Präsens			
Präteritum			
Partizip Perfekt			

2. Bilde nach den Vorgaben Ableitungen und Komposita.
- Schreibe sie auf und kreise das Silben-h dann ein.
- In einem der Wörter hat sich ein Dehnungs-h versteckt. In welchem? ____________________

sehen, auf ____________________

weh, Zahn ____________________

früh, Stück ____________________

Ruhe, un- ____________________

© Prof. Dr. Friedrich Schönweiss, Uni Münster • www.lernserver.de • Lernserver-Institut – Verlag für Bildungsmedien GmbH

lernserver Individuelle Förderung

Name:

Merkwörter mit h nach Diphthongen (Zwielauten)

In der Regel steht nach
den Zwielauten au, eu, äu, ei und ai
weder das Dehnungs-h noch das Silben-h.

Nach **„ei“** allerdings gibt es
beim **Silben-h** ein paar Ausnahmen.

Merke dir die 8 wichtigen Wörter mit Silben-h nach dem Zwielaut „ei“.

die Rei**h**e

der Rei**h**er

der Wei**h**er

(ein-) wei**h**en

lei**h**en

verzei**h**en

gedei**h**en

das Gewei**h**

1. Schreibe einen kurzen Rap, ein Gedicht oder eine Geschichte.

- Baue alle acht Merkwörter darin ein.
- Umkreise dann jedes Silben-h.

2. Male zu jedem Merkwort ein kleines Bild.

- Bei den Wörtern, bei denen dir kein Bild einfällt, kannst du das Wort als Graffito gestalten.

3. Schneide dir kleine Rechtecke aus, die in eine Streichholzschachtel passen.

- Schreibe jedes Merkwort auf einen Zettel und hebe die Zettel in der Schachtel auf.
- Beschrifte die Schachtel mit „Merkwörter mit Silben-h nach ei“.
- Nimm die Schachtel für eine Weile überallhin mit und wiederhole die Wörter immer wieder.
- Versuche, die Merkwörter *auswendig* aufzusagen, bis du es dreimal geschafft hast.

© Prof. Dr. Friedrich Schönweiss, Uni Münster • www.lernserver.de • Lernserver-Institut – Verlag für Bildungsmedien GmbH

Name:

Merkwörter ohne Silben-h

Nun gibt es ein paar Wörter, die eigentlich ein Silben-h haben müssten.
Bei den folgenden fehlt es aber!
Präge dir auch diese Ausnahmen gut ein.

Merke dir 6 wichtige Wörter ohne Silben-h.

säen
knien
die Blüte (trotz „blühen")
die Glut (trotz „glühen")
die Nadel (trotz „nähen")
er zog (trotz „ziehen")

1. Bilde mit jedem Ausnahme-Wort einen Satz und unterstreiche es.

____

____

____

____

____

____

2. Decke jetzt die Wörter ab und schreibe sie dreimal auswendig auf ein Blatt.

3. Schneide dir kleine Zettel aus, die in eine Streichholzschachtel passen.
- Schreibe die Merkwörter auf die Zettel und hebe diese in der Schachtel auf.
- Beschrifte die Schachtel mit „Merkwörter ohne h".
- Nimm die Schachtel für eine Weile überallhin mit und wiederhole die Wörter immer wieder.
- Versuche, die Merkwörter *auswendig* aufzusagen, bis du dies dreimal hintereinander schaffst.

© Prof. Dr. Friedrich Schönweiss, Uni Münster • www.lernserver.de • Lernserver-Institut – Verlag für Bildungsmedien GmbH
Lernserver Individuelle Förderung

Name:

Anwendung der Regeln und Ausnahmen

Suche dir jemanden, der dir das Diktat vorliest und fülle die Lücken.
Achtung: Es kommen regelhafte Silben-h-Wörter, aber auch Ausnahmen vor.

Pokerabend

Katja, Ulf und Miriam sitzen im Wohnzimmer. Überall sind Chipstüten und Colaflaschen verteilt.

Auf Katjas _______________ räkelt sich ihr kleiner Bruder.

„Wann kommen eigentlich deine _________________ nach Hause?", fragt Ulf.

„Schon bald, schließlich sind sie beide ______________________ ", murmelt Katja, während sie in ihre Karten schaut und mit einer _________________ spielt.

„Ich _________________!", verkündet sie mit unbewegtem Gesicht.

„Ist das dein Glücksbringer?", fragt Miriam. „_________________ du mir das Ding mal? Ich hatte schon seit einer Stunde kein gutes Blatt mehr."

„Pech im Spiel, Glück in der Liebe", grinst Ulf und ______________ mit. Dann ____________ er vorsichtig in Katjas Karten.

„Lass das!", ruft sie, „_______________ lieber dort hin!" Sie deutet auf den Hibiskus auf der Fensterbank, der gerade eine neue _________________ bekommt.

„Außerdem _________________ du mit deinem Fuß auf meinem ____________!"

Ulf rückt zur Seite. Die nächsten Karten werden aufgedeckt.

„Und? _________________ du wieder?", fragt Ulf.

Katja nickt, grinst und _________________ Ulf mit der Faust. „Gib dir keine____________! Darauf falle ich nicht herein."

Miriam seufzt, Ulf verdoppelt, Katja schaut unschuldig wie ein ____________ und zeigt ihr Full House.

„Das _________________ ich dir nie!", knurrt Ulf.

© Prof. Dr. Friedrich Schönweiss, Uni Münster • www.lernserver.de • Lernserver-Institut – Verlag für Bildungsmedien GmbH

Name:

Test zu den Regeln (Seite 1)

Prüfe für dich selbst, ob du die Regeln zum Silben-h verstanden hast.

- Bearbeite alle Aufgaben.
- Kontrolliere deine Ergebnisse anhand der Lösungen.
- Für jede richtig gelöste Aufgabe gibt es Punkte.
- Zähle sie und besprich deine Arbeit mit dem Lehrer.

Aufgabe 1: (ein Punkt)

Suche ein einsilbiges Substantiv mit Silben-h und zeige, wie man bei diesem Wort die richtige Schreibung findet.

____________________ → ____________________

Aufgabe 2: (ein Punkt)

Finde ein einsilbiges Adjektiv mit Silben-h und zeige, wie man bei diesem Wort die richtige Schreibung findet.

____________________ → ____________________

Aufgabe 3: (Es gibt für jede Teilantwort einen Punkt – also insgesamt sechs.)

a) Welches von den folgenden zweisilbigen Wörtern hat ein Silben-h? Unterstreiche sie.

holen, aufhören, Schlehe, Lehne

b) Ergänze jetzt die Lücken in diesen Merksätzen:

Das Silben-h steht bei Grundwörtern zwischen zwei ____________________, um die Silbenfuge zu markieren. Das Silben-h folgt auf einen ____________, der ___________ gesprochen wird und ______________ ist.

Das Silben-h kann bei einsilbigen Wörtern auch am ___________ eines Wortes stehen.

Aufgabe 4: (Es gibt für jede Teilantwort einen Punkt – also insgesamt drei.)

Bei diesen Wörtern folgt auf das Silben-h ein ____________________. Wie kannst du die richtige Schreibung finden? Zeige es!

Mähdrescher → ______________________________

mühsam → ______________________________

© Prof. Dr. Friedrich Schönweiss, Uni Münster • www.lernserver.de • Lernserver-Institut – Verlag für Bildungsmedien GmbH
lernserver Individuelle Förderung

Name:

Test zu den Regeln (Seite 2)

Aufgabe 5: (Es gibt für jede Teilantwort einen Punkt – also insgesamt neun.)
a) Warum taucht kein Silben-h bei „Feier“ auf?

Antwort: Weil das Silben-h in der Regel nicht nach ____________________ steht.

b) Zu dieser Regel gibt es acht Ausnahmewörter. Schreibe sie hier auf:

____________________, ____________________, ____________________,

____________________, ____________________, ____________________,

____________________, ____________________

Aufgabe 6: (Es gibt für jede Teilantwort einen Punkt – also insgesamt sechs.)
Du hast sechs Wörter gelernt, bei denen es genau umgekehrt ist wie bei Aufgabe 5: Den Regeln nach müssten sie ein Silben-h enthalten. Sie haben aber keines. Erinnerst du dich, welche Wörter das sind?

____________________, ____________________, ____________________,

____________________, ____________________, ____________________

Aufgabe 7: (Es gibt für jede Teilantwort einen Punkt – also insgesamt drei.)
Wie kannst du bei gebeugten Verbformen auf die richtige Schreibung kommen? Zeige es an diesen Beispielen:

Die Pflanze war ________________ (verblüt/verblüht). ____________________

Sie ________________ (schrie/schrieh) ihn an. ____________________

Der Wind ________________ (wete/wehte) durch die Blätter. ____________________

lernserver Individuelle Förderung
© Prof. Dr. Friedrich Schönweiss, Uni Münster • www.lernserver.de • Lernserver-Institut – Verlag für Bildungsmedien GmbH

Name:

Informelles Abschlussdiktat

Hast du dir die Regeln und Ausnahmen zum Silben-h gut gemerkt?
Dann lass dir den Text diktieren und zeige, was du kannst.

© Prof. Dr. Friedrich Schönweiss, Uni Münster • www.lernserver.de • Lernserver-Institut – Verlag für Bildungsmedien GmbH
Lernserver Individuelle Förderung

Lösungen zum Silben-h

Problemerkennung

Hinweis für den Lehrenden:
Das Silben-h hat mit dem Dehnungsprinzip nur insofern etwas zu tun, als es ausschließlich nach einem *langen betonten* Vokal stehen kann. Es darf aber nicht mit dem Dehnungs-h verwechselt werden. Das Silben-h hat die Aufgabe, die Silbenfuge zu markieren bzw. einen betonten langen Vokal von einem unbetonten kurzen zu trennen:
In der Standardlautung wird das Silben-h nur bei Silbentrennung gesprochen. Ansonsten ist es nicht hörbar:

/Ru-he/, /Kü-he/ /Rue/, /Küe/

Das Silben-h wird infolge der Morphemkonstanz in alle verwandten Formen mitgeführt:

zie**h**en → es zie**h**t
mä**h**en → er mä**h**t
Flö**h**e → Flo**h**
Na**h**t → nä**h**en

Ausnahmen, bei denen das Silben-h nicht übernommen wird:

blü**h**en aber: die Blüte
glü**h**en aber: die Glut
nä**h**en aber: die Nadel
zie**h**en aber: er zog

---

1. Zwischen welchen Buchstaben steht das Silben-h? Prüfe die Wörter im Kasten.

Das Silben-h steht zwischen zwei Vokalen (Vokalbuchstaben), um diese voneinander zu trennen.

2. Setze bei den Wörtern im Kasten den Betonungsgipfel ^. Was fällt dir auf?

Êhe, Hôhe, gêhen
Das Silben-h steht zwischen einem **langen** **betonten** Vokal und einem **unbetonten** Vokal.

3. Was ist der Unterschied zwischen einem Dehnungs-h und einem Silben-h?

Auf das Dehnungs-h folgt immer ein **Konsonant,** nämlich **l**, **m**, **n**, oder **r**.

Auf das Silben-h folgt ein **Vokal**.

4. Wie kann man bei einsilbigen Wörtern die richtige Schreibung herausfinden?
Geschrieben wird:

wo, aber Fl**oh**
du, aber K**uh**

Wenn du am Ende einer Silbe oder eines Wortes einen **Vokal** hörst,
wenn das Wort in ein **zwei**silbiges **verlängert** werden kann,
wenn die zweite Silbe wieder mit einem **Vokal** beginnt,
dann muss das silbentrennende h eingesetzt werden.

ein Floh → zwei **Flöhe** zäh → **zäher**
eine Kuh → zwei **Kühe** roh → **roher**

© Prof. Dr. Friedrich Schönweiss, Uni Münster • www.lernserver.de • Lernserver-Institut – Verlag für Bildungsmedien GmbH

Position des Silben-h im Wort

1. Welche Wörter verstecken sich hier? Die Bilder helfen dir bei der Suche.
Achtung: In jedem Buchstabensalat fehlt ein Silben-h. Ergänze es an der richtigen Stelle.

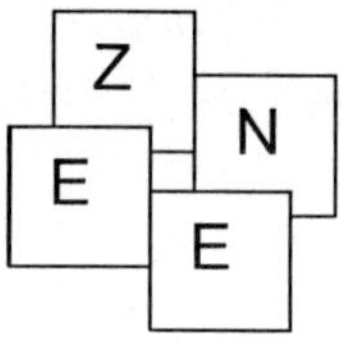

die **Zehen**

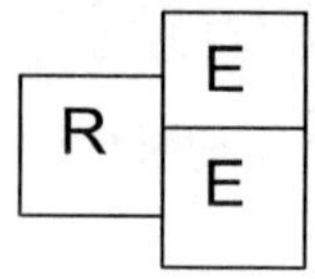

die **Rehe**

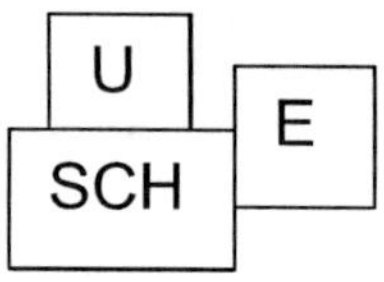

die **Schuhe**

die **Kühe**

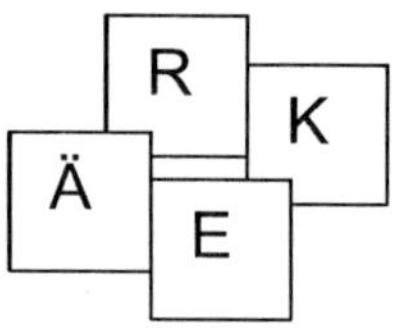

die **Krähe**

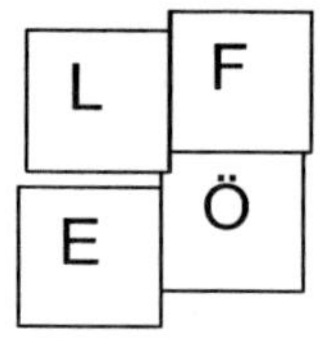

die **Flöhe**

2. Hier handelt es sich um Komposita (zusammengesetzte Wörter).
Zerlege sie in ihre Teile. Bestimme dann für den Teil mit dem Silben-h den Betonungsgipfel ^.

der **Rasen - Mâher**

der **Fern - Sêher**

3. Hier geht es um Verben. Welche Tätigkeiten mit Silben-h sind gemeint?

nähen

blühen

drehen

© Prof. Dr. Friedrich Schönweiss, Uni Münster • www.lernserver.de • Lernserver-Institut – Verlag für Bildungsmedien GmbH

Ableitungsprinzip erkennen und vertiefen

1. Bilde zu diesen Substantiven den Plural. Kreise dann das Silben-h ein.

der Zeh → die **Zehen**   das Reh → die **Rehe**

der Floh → die **Flöhe**   die Kuh → die **Kühe**

2. Bei diesen Substantiven ist es nicht ganz so einfach. Suche nach Ableitungen. Kreise dann das Silben-h ein.

das Stroh → **strohig**   weh (wenn etwas weh tut → **wehe**

3. Bei Adjektiven musst du entweder den Komparativ bilden (schnell - schneller) oder die attributive Form (grün - das grüne Gras).

Mögliche Lösungen:

froh → **froher**   zäh → **zäher**

früh → **früher**   roh → das **rohe** Fleisch

4. Bilde zu den unterstrichenen Verbformen im Text den Infinitiv (die Grundform). Kreise auf beiden Seiten das Silben-h ein.

Frühling

Es steht fest, dass wir Frühling haben. Die Magnolie blüht vor deinem Fenster, ein laues Lüftchen weht, der Nachbar mäht den ganzen Tag lang seinen Rasen und du drehst mit dem Fahrrad eine Runde im Grünen – so geht es doch auch.

Übrigens steckt in dem Text noch ein anderes Wort mit Silben-h. Welches? **Frühling**

Gebeugte Verbform:	Infinitiv:	Gebeugte Verbform:	Infinitiv:
steht	stehen	mäht	mähen
blüht	blühen	drehst	drehen
weht	wehen	geht	gehen

5. Trenne die Komposita in zwei Teile.
- Suche für das Teilwort mit Silben-h die Form, bei der ein Vokal auf das Silben-h folgt.

Kompositum	Teile	Grundform/Ableitung
Glühwürmchen	Glüh – Würmchen	glühen
Brühwürfel	Brüh – Würfel	brühen
Nähmaschine	Näh – Maschine	nähen
Drehstuhl	Dreh – Stuhl	drehen
Frohsinn	Froh – Sinn	froher
Nahkampf	Nah – Kampf	näher

© Prof. Dr. Friedrich Schönweiss, Uni Münster • www.lernserver.de • Lernserver-Institut – Verlag für Bildungsmedien GmbH

Morphemkonstanz verinnerlichen

1. Konjugiere die Verben und trage die entsprechenden Formen in die Tabelle ein.
- Umkreise anschließend bei allen Formen das Silben-h.
- Vorsicht: Bei einem dieser Verben fällt das Silben-h in der Vergangenheit weg! Warum?

Achtung: Bei „ging" ist der betonte Vokal kurz, deshalb kein „h".

	sehen		
Präsens	ich sehe	du **siehst**	er **sieht**
	wir **sehen**	ihr **seht**	sie **sehen**
Präteritum	ich sah	du **sahst**	er **sah**
	wir **sahen**	ihr **saht**	sie **sahen**
Partizip Perfekt	gesehen		
	drehen		
Präsens	ich **drehe**	du **drehst**	er **dreht**
	wir **drehen**	ihr **dreht**	sie **drehen**
Präteritum	ich **drehte**	du **drehtest**	er **drehte**
	wir **drehten**	ihr **drehtet**	sie **drehten**
Partizip Perfekt	**gedreht**		
	gehen		
Präsens	ich **gehe**	du **gehst**	er **geht**
	wir **gehen**	ihr **geht**	sie **gehen**
Präteritum	ich **ging**	du **gingst**	er **ging**
	wir **gingen**	ihr **gingt**	sie **gingen**
Partizip Perfekt	**gegangen**		

2. Bilde nach den Vorgaben Ableitungen und Komposita.
- Schreibe sie auf und kreise das Silben-h dann ein.
- In einem der Wörter hat sich ein Dehnungs-h versteckt. In welchem? der **Zahn**

sehen, auf	**der Aufseher, das Aufsehen**
weh, Zahn	**das Zahnweh**
früh, Stück	**das Frühstück, frühstücken**
Ruhe, un-	**die Unruhe, unruhig**

© Prof. Dr. Friedrich Schönweiss, Uni Münster • www.lernserver.de • Lernserver-Institut – Verlag für Bildungsmedien GmbH
Lernserver Individuelle Förderung

Anwendung der Regeln und Ausnahmen

Hinweis für den Lehrenden:
Der Schüler sollte auf alle Fälle die Gelegenheit erhalten, bei jedem Lückenwort nachzudenken und die Regeln zu repetieren.

Suche dir jemanden, der dir das Diktat vorliest und fülle die Lücken.
Achtung: Es kommen regelhafte Silben-h-Wörter, aber auch Ausnahmen vor.

Pokerabend
Katja, Ulf und Miriam sitzen im Wohnzimmer. Überall sind Chipstüten und Colaflaschen verteilt. Auf Katjas **Knien** räkelt sich ihr kleiner Bruder.
„Wann kommen eigentlich deine **Erzieher** nach Hause?“, fragt Ulf.
„Schon bald, schließlich sind sie beide **Frühaufsteher**“, murmelt Katja, während sie in ihre Karten schaut und mit einer **Haarnadel** spielt.
„Ich **erhöhe**!“, verkündet sie mit unbewegtem Gesicht.
„Ist das dein Glücksbringer?“, fragt Miriam. „**Leihst** du mir das Ding mal? Ich hatte schon seit einer Stunde kein gutes Blatt mehr.“
„Pech im Spiel, Glück in der Liebe“, grinst Ulf und **geht** mit. Dann **späht** er vorsichtig in Katjas Karten.
„Lass das!“, ruft sie, „**Sieh** lieber dort hin!“ Sie deutet auf den Hibiskus auf der Fensterbank, der gerade eine neue **Blüte** bekommt.
„Außerdem **stehst** du mit deinem Fuß auf meinem **Zeh**!“
Ulf rückt zur Seite. Die nächsten Karten werden aufgedeckt.
„Und? **Erhöhst** du wieder?“, fragt Ulf.
Katja nickt, grinst und **droht** Ulf mit der Faust. „Gib dir keine **Mühe**! Darauf falle ich nicht herein.“
Miriam seufzt, Ulf verdoppelt, Katja schaut unschuldig wie ein **Reh** und zeigt ihr Full House.
„Das **verzeihe** ich dir nie!“, knurrt Ulf.

© Prof. Dr. Friedrich Schönweiss, Uni Münster • www.lernserver.de • Lernserver-Institut – Verlag für Bildungsmedien GmbH

Test zu den Regeln (Seite 1)

Lösungen, Bewertung und Vorschläge:

Aufgabe 1: (ein Punkt)
Suche ein einsilbiges Substantiv mit Silben-h und zeige, wie man bei diesem Wort die richtige Schreibung findet.
Man bildet den Plural:
die Kuh (Beispiel)→ die Kühe

Aufgabe 2: (ein Punkt)
Finde ein einsilbiges Adjektiv mit Silben-h und zeige, wie man bei diesem Wort die richtige Schreibung findet.
Man bildet die attributive Form oder den Komparativ:
früh (Beispiel)→ der frühe Vogel (fängt den Wurm) oder früher

Aufgabe 3: (Es gibt für jede Teilantwort einen Punkt – also insgesamt sechs.)
a) Welches von den folgenden zweisilbigen Wörtern hat ein Silben-h? Unterstreiche sie.

holen, aufhören, Schlehe, Lehne

b) Ergänze jetzt die Lücken in diesen Merksätzen:

Das Silben-h steht bei Grundwörtern zwischen zwei **Vokalen**, um die Silbenfuge zu markieren. Das Silben-h folgt auf einen **Vokal**, der **lang** gesprochen wird und **betont** ist. Das Silben-h kann bei einsilbigen Wörtern auch am **Ende** eines Wortes stehen.

Aufgabe 4: (Es gibt für jede Teilantwort einen Punkt – also insgesamt drei.)
Bei diesen Wörtern folgt auf das Silben-h ein **Konsonantenbuchstabe**. Wie kannst du die richtige Schreibung finden? Zeige es!

Man findet die Schreibung heraus, indem man die Grundform sucht:
Mähdrescher → **mähen**
mühsam → **die Mühe**

Aufgabe 5: (Es gibt für jede Teilantwort einen Punkt – also insgesamt neun.)
Warum taucht kein Silben-h bei „Feier" auf?
Antwort: Weil das Silben-h in der Regel nicht nach **Diphthongen (Zwielauten)** steht.
Zu dieser Regel gibt es acht Ausnahmen. Schreibe sie hier auf:
die Reihe, der Reiher, der Weiher,
(ein-) weihen, leihen, verzeihen, gedeihen, das Geweih

© Prof. Dr. Friedrich Schönweiss, Uni Münster • www.lernserver.de • Lernserver-Institut – Verlag für Bildungsmedien GmbH
lernserver Individuelle Förderung

Test zu den Regeln (Seite 2)

Aufgabe 6: (Es gibt für jede Teilantwort einen Punkt – also insgesamt sechs.)
Du hast sechs Wörter gelernt, bei denen es genau umgekehrt ist wie bei Aufgabe 5:
Den Regeln nach müssten sie ein Silben-h enthalten. Sie haben aber keines.
Erinnerst du dich, welche Wörter das sind?
Antwort:
säen, knien,
die Blüte (trotz „blühen“), **die Glut** (trotz „glühen“), **die Nadel** (trotz „nähen“)
er zog (trotz „ziehen“)

Aufgabe 7: (Es gibt für jede Teilantwort einen Punkt – also insgesamt drei.)
Wie kannst du bei gebeugten Verbformen auf die richtige Schreibung kommen? Zeige es an diesen Beispielen:
Antwort: Du musst den Infinitiv (die Grundform) bilden.

Die Pflanze war **verblüht**.	→ **blühen**	(Silben-h zwischen langem betontem und unbetontem Vokal)
Sie **schrie** ihn an.	→ **schreien**	(Nach Zwielauten kein Silben-h)
Der Wind **wehte** durch die Blätter.	→ **wehen**	(Silben-h zwischen langem betontem und unbetontem Vokal)

Und?!? Wie viele Punkte hast du geschafft?

28 Punkte	Super, du hast alles verstanden.
27 - 25 Punkte	Das meiste hast du verstanden. Es schadet aber nicht, wenn du dir zu den Aufgaben, die du nicht richtig gelöst hast, die entsprechenden Übungen noch einmal anschaust.
weniger als 25 Punkte	Wiederhole alle Übungen zu den Aufgaben, bei denen du Fehler gemacht hast. Bearbeite diese Aufgaben dann noch einmal.

© Prof. Dr. Friedrich Schönweiss, Uni Münster • www.lernserver.de • Lernserver-Institut – Verlag für Bildungsmedien GmbH

Informelles Abschlussdiktat

Informelles Abschlussdiktat zum Silben-h

Lesen Sie den Text zuerst am Stück vor, diktieren Sie dann Satz für Satz. Artikulieren Sie jeden Satz in der gewohnten Alltagssprache. Besprechen Sie jeden Fehler mit dem Schüler und konzentrieren Sie sich dabei auf Fehlschreibungen beim Silben-h. Weiter unten finden Sie eine Übersicht, in der zu jedem Wort mit Silben-h die entsprechende Übung zur Wiederholung aufgelistet ist.

Landleben

Es geschah an einem sonnigen Tag im Frühjahr, dass Katja und Ulf aufs Land fuhren, um Ulfs Großeltern zu besuchen. Als sie am Hof ankamen, glühte schon das Rot der Abendsonne auf den Feldern. Ulf war gar nicht froh, als am nächsten Morgen der Hahn in aller Frühe krähte. Nach dem Frühstück zeigte er Katja die Umgebung. Großvater war gerade dabei, auf dem nahegelegenen Feld Gerste auszusäen und gleichzeitig die gierigen Krähen zu vertreiben. Seine Bemühungen waren vergeblich. Hinter einer Anhöhe stand eine Reihe von Pappeln, an deren Ende ein Weiher lag. Ein Reiher kreiste darüber. Katja wollte baden, doch verzog sie das Gesicht, als sie die dunkle Brühe voller Algen sah. Einen Bootsverleih gab es auch nicht. Daher gingen sie weiter und fanden in einem Waldstück ein Hirschgeweih, das Ulf sich unbedingt in sein Zimmer hängen wollte. Anschließend besuchten sie den Hühnerstall, wo Eier im Stroh lagen. Ein Floh hüpfte munter umher. Abends aßen sie draußen am Feuer und blieben dort, bis die Glut erloschen war.

Testwort	Kategorie	Übung
froh Stroh Floh	einsilbige Wörter	Problemerkennung Das Ableitungsprinzip vertiefen
Frühe Krähen Brühe	zweisilbige Wörter	Problemerkennung Verinnerlichen, an welcher Stelle das Silben-h vorkommen kann
Frühjahr Frühstück nahegelegenen Bemühungen Anhöhe	Ableitungen und Komposita	Verinnerlichen, an welcher Stelle das Silben-h vorkommen kann Das Ableitungsprinzip vertiefen Morphemkonstanz verinnerlichen
Reihe Weiher Reiher	Merkwörter mit Silben-h nach Diphthong	Morphemkonstanz verinnerlichen
Glut	Merkwörter ohne Silben-h	Merkwörter ohne Silben-h
geschah glühte krähte	gebeugte Verbformen	Das Ableitungsprinzip vertiefen Morphemkonstanz verinnerlichen
Bootsverleih Hirschgeweih	Komposita, Merkwörter mit Silben-h nach Diphthong	s.o.
auszusäen	Ableitung, Merkwörter ohne Silben-h	s.o.
Eier	kein Silben-h nach Diphthong	Merkwörter mit h nach Diphthongen Test zu den Regeln

© Prof. Dr. Friedrich Schönweiss, Uni Münster • www.lernserver.de • Lernserver-Institut – Verlag für Bildungsmedien GmbH

Übungen zum langen i-Laut

Name:

Einführung: Grundlegendes zum langen i-Laut

Allgemeine Hinweise zum langen i-Laut

Der *lange* i-Laut kann i, ie, ih und ieh verschriftet werden. Der *kurze* i-Laut wird immer „i" geschrieben. Im Folgenden geht es nur um den *lang* gesprochenen i-Laut.

1. „ie"
In den meisten deutschen Wörtern hat der lange betonte i-Laut das Längezeichen „e", also wird „ie" geschrieben. Danach folgt in aller Regel nur *ein* Konsonant:

lieben, W**ie**se, t**ie**f

(Ausnahmen mit mehreren Konsonanten nach dem „ie": Biest, Priester, riechen)

Wird in einem *gebeugten* Verb der i-Laut *lang* gesprochen und kommt in der Grundform weder ein Dehnungs-h noch ein Silben-h vor, so schreibt man „ie", z.B.:

er *rief*, weil *rufen* ohne h   er *blies*, weil *blasen* ohne h   (Ausnahme ohne „e": er gibt; gib!)

„ie" schreibt man auch in Fremdwörtern mit den **betonten** Endungen „-ie", „-ier" und „-ieren":

-ie: Batter**îe**, Industr**îe**, Fotograf**îe**, Harmon**îe** (aber Bikîni oder Salâmi)
-ier: Klav**îer**, Pap**îer**, Scharn**îer**
-ieren: telefon**îer**en, marsch**îer**en, prob**îer**en

(Ausnahmen: Souvenîr, Vampîr, Wesîr)

2. „i"
In Fremdwörtern wird bis auf die oben genannten Fälle der lange i-Laut nur mit „i" verschriftet. Man kann viele Fremdwörter daran erkennen, dass sie NICHT in der *ersten* Silbe betont sind:

Bikîni, Famîlie, Petersîlie

Insofern muss man *diese* Wörter *nicht* auswendig lernen, sondern orientiert sich lediglich daran, in welcher Silbe der betonte i-Laut vorkommt.

In Endungen, bei denen nach dem langen i-Laut kein „r" folgt, wird ebenfalls nur „i" geschrieben.

-il: fragîl, zivîl, Ventîl
-ine: Apfelsîne, Mandarîne, Pralîne
-iv: Detektîv, fiktîv, konstruktîv
-ive: Lokomotîve, Perspektîve
-iz: Indîz, Justîz, Hospîz, Milîz

Einige Wörter gibt es allerdings, bei denen der lange betonte i-Laut in der *ersten* Silbe liegt und nur mit „i" verschriftet wird. Es handelt sind zum größten Teil um Fremd- oder Lehnwörter, die nicht so einfach als solche erkannt werden können und deshalb auswendig gelernt werden müssen.

Bibel, Biber, Bisamratte, Bison, Brise, dir, mir, wir, Fibel, Fiber, er gibt, Igel, Kilo, Kino, Klima, Klinik, Krise, Lid (Auge), Liga, lila, Lilie, Linie, Liter, Mime, Mimik, Mine (Stift-), Nil, Nische, piken, piksen, Pinie, prima, Primel, Prise, Risiko, Rizinus, Ski, Silo, Sinus, Sirup, Stil (Kunst-), Tiger, Titel, Virus, Visum, Vizekanzler, wider, wir, Wisent

3. „ih"
„ih" kommt nur in Personalpronomen und ihren Ableitungen vor, die mit /i/ beginnen:

ihm, **ih**n, **ih**r, **ih**nen, **ih**ren, **ih**resgleichen, **ih**retwegen

4. „ieh"
„ieh" gibt es nur in einem einzigen Nomen und seinen Ableitungen: das V**ieh**

Sonst kommt „ieh" in der Grundform nur in drei Verben vor (fl**ieh**en, z**ieh**en, w**ieh**ern).
Außerdem in gebeugten Verben, wenn in der Grundform ein Dehnungs-h oder ein silbentrennendes h steht und der betonte i- Laut in den konjugierten Formen *lang* bleibt:

befe**h**len → er bef**ieh**lt   se**h**en → er s**ieh**t   fl**ieh**en → er fl**ieh**t

© Prof. Dr. Friedrich Schönweiss, Uni Münster • www.lernserver.de • Lernserver-Institut – Verlag für Bildungsmedien GmbH

Name:

Problemerkennung: Verschiedene Dehnungszeichen

1. Lies das Gedicht durch. Unterstreiche dabei alle Wörter, die einen i-Laut haben.

Herbsttag
Herr: es ist Zeit. Der Sommer war sehr groß.
Leg deinen Schatten auf die Sonnenuhren,
und auf den Fluren lass die Winde los.

Befiehl den letzten Früchten voll zu sein;
gib ihnen noch zwei südlichere Tage,
dränge sie zur Vollendung hin und jage
die letzte Süße in den schweren Wein.

Wer jetzt kein Haus hat, baut sich keines mehr.
Wer jetzt allein ist, wird es lange bleiben,
wird wachen, lesen, lange Briefe schreiben
und wird in den Alleen hin und her
unruhig wandern, wenn die Blätter treiben.

(Rainer Maria Rilke, 1875-1926)

2. Schreibe die von dir unterstrichenen Wörter heraus (doppelte nur einmal!).

____

____

____

3. Welche unterschiedlichen Schreibungen für den i-Laut findest du?

_____, _____, _____, _____

4. Versuche eine Regelmäßigkeit bezüglich der Schreibung zu entdecken.
- Sprich dir dafür die Wörter laut vor, achte auf den i-Laut, seine Betonung und seinen Klang.
- Notiere deine Überlegungen hier:

____

____

____

© Prof. Dr. Friedrich Schönweiss, Uni Münster • www.lernserver.de • Lernserver-Institut – Verlag für Bildungsmedien GmbH
Lernserver Individuelle Förderung

Name:

ie: Grundregel

Du weißt bereits, dass auch die **i-Laute** unterschiedlich betont sind und **sowohl lang als auch kurz** gesprochen werden können.
Du wirst nun im Folgenden die verschiedenen Regeln kennenlernen, die dir beim Herausfinden der jeweils richtigen Schreibung helfen können.

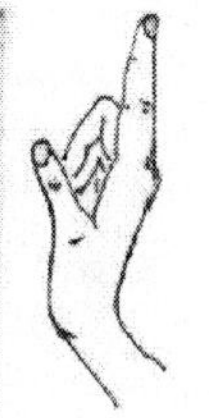

1. Markiere den betonten Vokal mit dem Zeichen ^ und schreibe die Wörter in die passenden Spalten.

Licht, Tisch, Zitrone, liegen, Liste, Pistole, Hilfe, Zigarre, Liebe, Libelle, Brief, Pelikan, Knie, vermissen, hier, viele, wischen, Zitat

Kurzer betonter i-Laut	Unbetonter i-Laut	Langer betonter i-Laut

2. Unterstreiche in der Tabelle die langen betonten i-Laute.
- Wie werden sie geschrieben? Formuliere hier die erste Regel zu den i-Lauten:

____

3. Fülle den Lückentext aus. Du musst dich hier zwischen i oder ie entscheiden.

Ein Hubschrauberp___lot hatte von seinem Fluggerät aus einen r___s___gen Kondensstreifen am H___mmel fotografiert. Die Betrachter des Fotos waren verw___rrt und stellten w___lde Spekulationen an. Handelte es s___ch etwa um einen ungenehm___gten Raketenstart, um ein brennendes Flugzeug oder vielleicht sogar um fr___dliche Außer___rd___sche? Inzw___schen ist klar, dass es kein Raketenstart gewesen sein konnte. Auch, dass es Aliens waren, glaubt n___mand mehr. Es w___rd vermutet, dass der Streifen deshalb so befremdl___ch w___rkte, weil er aus einem ungewöhnlichen Bl___ckw___nkel aufgenommen worden war.

lernserver Individuelle Förderung | © Prof. Dr. Friedrich Schönweiss, Uni Münster • www.lernserver.de • Lernserver-Institut – Verlag für Bildungsmedien GmbH

Name:

ie: Stammprinzip

> Wird ein Wort mit **ie** geschrieben,
> wird diese Schreibweise auch bei allen Wortverwandten übernommen.
> (Das gilt nicht für starke Verben, aber dazu kommen wir später.)

1. In diesem Buchstabensalat sind acht Wörter mit ie versteckt, und zwar waagrecht, senkrecht und diagonal. Finde sie und schreibe sie auf!

A	D	H	M	K	Y	C	Q
P	S	P	I	E	L	E	N
J	R	W	E	G	A	V	I
M	N	B	S	R	T	M	E
R	I	Ö	P	G	S	W	N
B	H	E	Z	D	I	E	B
V	R	N	T	M	L	X	R
O	I	M	E	E	H	S	I
X	C	E	N	Z	R	B	E
T	I	E	R	M	U	W	F

2. Suche mindestens einen Wortverwandten dazu und unterstreiche ie.

- Beispiel: *schmieren → verschmiert, Schmierfink*

© Prof. Dr. Friedrich Schönweiss, Uni Münster • www.lernserver.de • Lernserver-Institut – Verlag für Bildungsmedien GmbH

lernserver Individuelle Förderung

Name:

ie: Vorgehensweise bei Komposita

In der Tabelle unten findest du Komposita (zusammengesetzte Wörter), bei denen die i-Laute fehlen.

1. **Zerlege sie zuerst in zwei Teile.**
2. **Bestimme jetzt für jeden Teil den Betonungsgipfel ^ .**
3. **Wenn der i-Laut betont ist, prüfe, ob er lang oder kurz gesprochen wird.**
4. **Fülle die Lücken in der linken Spalte und entscheide dich zwischen i und ie.**
5. **Fülle zuletzt die Lücken in der Regel für Komposita.**

Kompositum	1. Teil	betonter i-Laut	2. Teil	betonter i-Laut
Piratenschiff	Pirâten	--	Schîff	kurz
Sch__dsr__chter				
St__mmengew__rr				
Kr__gsd__nst				
Zw__schengl__d				
T__rl__be				
W__ntersp__le				
s__gesgew__ss				
T__ntenf__sch				
Salam__p__zza				
B__nenhon__g				

Regel für Komposita:

Auch **zusammengesetzte** Wörter haben nur **einen** Hauptbetonungsgipfel!

Um alle ______________ Vokale und damit die richtige Schreibung herauszufinden,

muss man die Zusammensetzungen in ihre einzelnen Teile ________________.

Man sucht für jeden Teil den _____________ Vokal und prüft, ob er _______ oder _______ ist.

© Prof. Dr. Friedrich Schönweiss, Uni Münster • www.lernserver.de • Lernserver-Institut – Verlag für Bildungsmedien GmbH

Name:

ie: Starke Verben: Regelerarbeitung (Seite 1)

Aufgabe 1a:
- Setze die in Klammern stehenden Verben in der richtigen Form ein (Präteritum!).
- Kennzeichne bei allen Verben die Länge des betonten Vokals: lang = Strich, kurz = Punkt
- Besprich deine Ergebnisse mit dem Lehrer.

Als er ____________ (schlafen), ___________ (rufen) ihn sein Freund an.

Aufgabe 1b:
- Versuche nun, den Regelsatz zu starken Verben zu ergänzen:

Hört man in einem gebeugten starken Verb einen ______________ i-Laut,
kann man immer _____ schreiben,
wenn in der Grundform kein ____ vorkommt.

Aufgabe 1c:
- Finde noch ein weiteres Verb, auf das die Regel 1b) zutrifft.
- Schreibe es in Grundform, Präsens, Präteritum und Perfekt auf.

________________ ________________ ________________ ________________

Aufgabe 2a:
- Arbeite so, wie in Aufgabe 1a):

Gestern ________ (wiegen) er den Braten ab und _____________ (schieben) ihn in den Ofen.

Aufgabe 2b:
- Ergänze auch diesen Regelsatz:

Bei starken Verben, die in der Grundform mit ____ geschrieben werden,
kann sich der Stammvokal verändern.
Es ist aber kein ___ vonnöten, da in der Grundform keines vorkommt.

Aufgabe 2c:
- Finde noch ein weiteres Verb, auf das die Regel 2b) zutrifft.
- Schreibe es in Grundform, Präsens, Präteritum und Perfekt auf.

________________ ________________ ________________ ________________

© Prof. Dr. Friedrich Schönweiss, Uni Münster • www.lernserver.de • Lernserver-Institut – Verlag für Bildungsmedien GmbH
Lernserver Individuelle Förderung

Name:

ie: Starke Verben: Regelerarbeitung (Seite 2)

Aufgabe 3a:
- Setze die in Klammern stehenden Verben in der richtigen Form ein (Perfekt!).
- Kennzeichne bei allen Verben die Länge des betonten Vokals: lang = Strich, kurz = Punkt
- Besprich deine Ergebnisse mit dem Lehrer.

Sie hatte die Blumen ______________ (gießen) und die Tür __________________ (abschließen).

Er hatte nach dem Schlüssel ______________ (greifen) und seinem Hund ___________________ (pfeifen).

Aufgabe 3b:
- Versuche den Regelsatz zu ergänzen:

Bei starken Verben kann sich in den gebeugten Formen nicht nur der betonte Vokal, sondern auch seine ________________ ändern.
Wird er *kurz* gesprochen, kann _____ ein Dehnungszeichen stehen.
Zudem muss der nachfolgende Konsonant ____________________ werden.

Aufgabe 3c:
- Finde noch ein weiteres Verb, auf das die Regel 3b) zutrifft.
- Schreibe es in Grundform, Präsens, Präteritum und Perfekt auf.

___________________ ___________________ ___________________ ___________________

Aufgabe 4:
- Bilde die dritte Person Singular im Präteritum:

schreien:	er	_________________	halten:	er	____________________
raten:	er	_________________	scheinen:	sie	____________________
stoßen:	er	_________________	schreiben:	sie	____________________
frieren:	er	_________________	liegen:	er	____________________
fliegen:	er	_________________	verlieren:	er	____________________
genießen:	er	_________________	fließen:	es	____________________
schießen:	er	_________________	schließen:	er	____________________
reiten:	er	_________________	leiden:	er	____________________

lernserver Individuelle Förderung
© Prof. Dr. Friedrich Schönweiss, Uni Münster • www.lernserver.de • Lernserver-Institut – Verlag für Bildungsmedien GmbH

Name:

ie: Starke Verben (Vertiefen)

**1. Ergänze die Tabelle nach den Vorgaben.
Achte auf die Länge und Kürze des betonten Vokals!**

Infinitiv (Grundform)	Präteritum (1. Vergangenheit)	Partizip Perfekt (Mittelwort der Vergangenheit)
frieren	*er fror*	*gefroren*
bieten	ich	
verlieren	sie	
biegen	er	
	es lag	
	sie schob	
	ich	geflogen
	wir	gewogen
	wir rieten	
braten	sie	
	sie blies	
schlafen	ich	
	du	gerufen
	er	gestiegen
schweigen	ich	
	sie	geschienen
	du schriebst	
	ich	gemieden
	es floss	
genießen	er	
	es	verdrossen
	sie	geschlossen
	ich fiel	
lassen	er	
(!)	ich sprang	
(!)	sie saß	

© Prof. Dr. Friedrich Schönweiss, Uni Münster • www.lernserver.de • Lernserver-Institut – Verlag für Bildungsmedien GmbH

Name:

ih: Pronomen

1. Unterstreiche im Text die Wörter, bei denen der i-Laut so geschrieben wird:

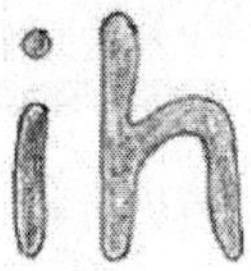

Man kann nicht auf zwei Hochzeiten gleichzeitig tanzen...

Am 23. April sind Lars und Kira seit drei Jahren zusammen. Und wenn es nach ihm geht, können es noch viele weitere Jahre werden. Ihr zuliebe würde er alles tun. Nur nicht am 23. auf das Spiel verzichten: Schalke gegen Bayern. Nein, das selbst ihretwegen nicht, so leid es ihm tut.
Die Karten hat Lars schon lange und alle seine Freunde sind dabei. Kira könnte natürlich mitkommen, aber sie ist nirgends so ungern wie in einem Fußballstadion. Dabei hat sie ihrem Freund bislang wirklich jedes Spiel gegönnt. Nur, dass Lars sogar an ihrem dritten Jahrestag ins Stadion will, kränkt sie sehr.
Kira hat schon mit ihrer besten Freundin über Lars und seine Fußballleidenschaft gesprochen, aber die kann ihn verstehen, weil ihr eigener Freund ebenfalls ein großer Schalke-Fan ist.
Kira versucht nun, ihren Groll herunterzuschlucken, weil sie Lars liebt, aber das Spiel steht trotzdem zwischen ihr und ihm. Was würdest du den beiden raten?

2. Formuliere eine Regel, die erklärt, in welchen Wörtern ih vorkommt.

____

____

© Prof. Dr. Friedrich Schönweiss, Uni Münster • www.lernserver.de • Lernserver-Institut – Verlag für Bildungsmedien GmbH

Name:

ieh: Grundwörter einprägen

Die Buchstabenverbindung **ieh**
taucht nur in vier Grundwörtern auf,
nämlich in:

Vieh, fliehen, ziehen, wiehern

Das „h“ dient hier der Kennzeichnung der Silbenfuge wie in den Wörtern gehen, leihen, Mühe usw.

Aufgabe 1: Merke dir das Nomen Vieh

a) Gestalte ein Graffito aus diesem Wort oder male es in einer besonderen Schrift ab.

b) Findest du den zweisilbigen Wortverwandten, bei dem auf das „h“ ein Vokal folgt?

____

c) Denke dir einen Merksatz aus, der das Nomen „Vieh“ und ieh zum Thema hat.

____

____

Aufgabe 2: Merke dir die drei Verben *fliehen, ziehen, wiehern*.

a) Bilde von diesen Verben die 3. Person Singular Präsens (Einzahl; Gegenwart):

______________________ ______________________ ______________________

b) Achtung: Bei einem dieser Verben wird das h im Präteritum und Perfekt nicht übernommen. Weißt du, bei welchem?

____

© Prof. Dr. Friedrich Schönweiss, Uni Münster • www.lernserver.de • Lernserver-Institut – Verlag für Bildungsmedien GmbH

Name:

ieh: Gebeugte Formen bilden (Seite 1)

Hörst du in gebeugten Wortformen einen **langen** i-Laut,
musst du in der Regel „**ie**“ schreiben.
Ein „**h**“ gehört nur dann dazu,
wenn das Verb im **Infinitiv** (Grundform) schon ein „**h**“ hatte.

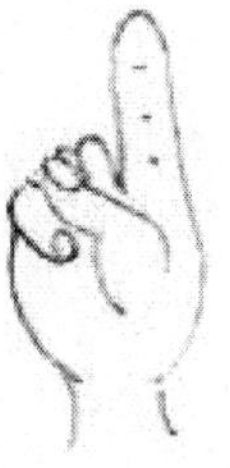

1. Bilde mit jedem Verb einen Satz im Präsens und setze ihn anschließend ins Präteritum und ins Perfekt.

2. Unterstreiche dann die Zeitform, in der ein „ieh“ vorkommt.

Beispiel „befehlen“:

Der europäische Fußballverband ***befiehlt*** *Jogi Löw zur Pressekonferenz.*

Der europäische Fußballverband ***befahl*** *Jogi Löw zur Pressekonferenz.*

Der europäische Fußballverband ***hat*** *Jogi Löw zur Pressekonferenz* ***befohlen****.*

empfehlen:

verzeihen:

sehen:

© Prof. Dr. Friedrich Schönweiss, Uni Münster • www.lernserver.de • Lernserver-Institut – Verlag für Bildungsmedien GmbH

Name:

ieh: Gebeugte Formen bilden (Seite 2)

gedeihen:

leihen:

geschehen:

stehlen:

fliehen:

© Prof. Dr. Friedrich Schönweiss, Uni Münster • www.lernserver.de • Lernserver-Institut – Verlag für Bildungsmedien GmbH
Lernserver Individuelle Förderung

Name:

ieh: Gebeugte Formen einsetzen

Es geht um gebeugte Verbformen!

1. Ergänze den Merksatz:

Ein **h** taucht in gebeugten Verbformen nur dann auf,
wenn es ein **h** in der ____________________ gibt.
Ausnahme: ______________

2. Bilde in den einzelnen Textabschnitten die entsprechenden Verbformen.

Präsens:

Enno __________ (stehlen) manchmal Autos.
Ob sich das wirklich ________________ (empfehlen)?

Präteritum:

Einmal hatte er sich wieder mit Thomas in die reiche Vorstadt geschlichen,
wo in herrlichen Gärten wundervolle Blumen _______________ (gedeihen).
Sie hatten den Wagen schon aufgebrochen, als Thomas eine Polizeistreife __________ (sehen).
Zu spät, was Enno ihm jedoch _____________ (verzeihen).
Eine Lautsprecherstimme ____________ (befehlen) den Jungen, die Hände zu heben.
Da __________ (geschehen) es:

Perfekt:

Thomas hatte die Waffe _______________ (ziehen), die sein Bruder ihm _________________ (leihen) hatte.
Als die Polizisten innehielten, war Thomas schon ________________ (fliehen).

3. Diskussion:

- *Wie könnte die Geschichte weitergehen?*
- *Kennst du jemanden, dem schon einmal ein Auto gestohlen wurde oder der sogar selbst ein Auto gestohlen hat?*
- *Wie denkst du darüber? - Würdest du so etwas tun?*

lernserver Individuelle Förderung | © Prof. Dr. Friedrich Schönweiss, Uni Münster • www.lernserver.de • Lernserver-Institut – Verlag für Bildungsmedien GmbH

Name:

Fremdwörter: Erkennung und Grundregel

Für **Fremdwörter** gelten die deutschen Rechtschreibregeln **nicht immer**!
Aber wie kannst du Fremdwörter erkennen? Bei vielen ist es ganz einfach:
Oft sind sie, anders als deutsche Wörter,
in der **zweiten, dritten** oder **vierten Silbe** betont.

1. Setze bei den folgenden Wörtern den Betonungsgipfel ^ und sortiere sie.

Wiese, Lawine, Familie, Detektiv, sieben, viele, Delfin, Krokodil, Lokomotive, Briefe

deutsche Wörter	Fremdwörter

2. Prüfe: Ist der betonte i-Laut in diesen Fremdwörtern *lang* oder *kurz*?

Der i-Laut wird hier ____________ gesprochen.

3. Ergänze nun die Grundregel zu den Fremdwörtern:

In Fremdwörtern wird der lange betonte i-Laut **in der Regel** mit ___ verschriftet.

4. Rätsel: Um welche Fremdwörter mit langem i-Laut handelt es sich hier?

 das ____________

 die ____________

 der ____________

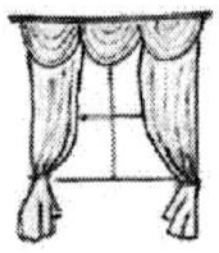 die ____________

 das ____________

 der ____________

© Prof. Dr. Friedrich Schönweiss, Uni Münster • www.lernserver.de • Lernserver-Institut – Verlag für Bildungsmedien GmbH

Name:

Fremdwörter: Grundregel vertiefen (Lückenwörter)

Aufgabe 1. Wiederhole die Grundregel zu den Fremdwörtern.

____

Aufgabe 2. Erinnere dich: Woran kannst du sehr viele Fremdwörter erkennen?

____

**Aufgabe 3. Wende nun dein Wissen zum i-Laut an und fülle die Lücken.
Gib bei jedem Wort eine kurze Begründung für deine Entscheidung.**

i oder ie

die Mandar__ne ______________________________

der Fr__den ______________________________

die Law__ne ______________________________

die __nformat__on ______________________________

die Ew__gkeit ______________________________

die Zw__bel ______________________________

die Perspekt__ve ______________________________

die B__rne ______________________________

konstrukt__v ______________________________

die T__fe ______________________________

ziv__l ______________________________

die Gard__ne ______________________________

der Schl__tten ______________________________

der Kan__ster ______________________________

verb__ten ______________________________

lernserver Individuelle Förderung
© Prof. Dr. Friedrich Schönweiss, Uni Münster • www.lernserver.de • Lernserver-Institut – Verlag für Bildungsmedien GmbH

Name:

Fremdwörter und Merkwörter mit „i" in der ersten Silbe (Liste)

Manche **Fremdwörter** haben den langen betonten i-Laut ebenfalls in der **ersten** Silbe.
Sie sind deshalb nicht so leicht von deutschen Wörtern zu unterscheiden.
Lerne sie und auch einige kleine einsilbige Wörter mit „i" auswendig.

Fremdwörter und Merkwörter mit langem „i" in der ersten Silbe.	
der Igel	die Mine (Bleistift)
der Tiger	das Klima
der Biber	die Nische
das Nilpferd	das Lid (Auge)
er gibt	die Krise
das Kino	die Lilie
das Kilo	die Primel
der Liter	der Titel
prima	der Nil
lila	die Liga
die Linie	das Risiko
der Schi (auch: Ski)	piken
die Klinik	die Brise
die Fibel	die Prise
die Bibel	die Bisamratte
wider („gegen")	der Bison
der Sirup	der Vizekanzler
der Stil (Kunst)	die Mimik
das Virus	die Pinie
das Visum	

Pronomen (Fürwörter):
dir, mir, wir

© Prof. Dr. Friedrich Schönweiss, Uni Münster • www.lernserver.de • Lernserver-Institut – Verlag für Bildungsmedien GmbH
lernserver Individuelle Förderung

Name:

Fremdwörter und Merkwörter mit „i“ in der ersten Silbe (Lerntipps)

Es ist wichtig,
dass du dir die Merkwörter mit langem i-Laut sicher merken kannst.
Hier sind ein paar Lerntipps zum Einprägen.

Tipp 1: Merkwörter ordnen

- Sortiere die Merkwörter nach Oberbegriffen, wie z.B. „Tiere“ oder „Bücher“, „Dinge, die zum Körper gehören“ oder „abstrakte Dinge“.
- Schreibe sie in Tabellen in dein Heft.
- Wörter, unter denen du dir nichts vorstellen kannst, schaust du im Fremdwörterbuch nach.

Tipp 2: Merkwörter als Bild vorstellen

- Lies dir immer 10 Wörter nacheinander vor.
- Versuche nun, dir für jedes dieser 10 Wörter ein Bild vorzustellen.
- Schreibe in Gedanken das Wort zum Bild. Denke dabei besonders an das einfache „i“.
- Lies dir nun die nächsten 10 Wörter vor.
- Wiederhole die oben beschriebene Vorgehensweise, bis du mit allen Wörtern durch bist.

Tipp 3: Karteikärtchen anlegen

- Schneide 43 kleine Rechtecke aus, die in eine leere Streichholzschachtel passen.
- Ein Kärtchen beschriftest du mit „Merkwörter mit langem i“ und klebst es auf die Streichholzschachtel. Die anderen Kärtchen beschriftest du mit den Merkwörtern.
- Nimm dir an 4 Tagen eine halbe Stunde Zeit und teile die 42 Merkwörter in 4 ungefähr gleiche Stapel auf.
- Lerne nun jeden Tag 10 bzw. 12 Merkwörter auswendig und schreibe sie einmal auf.
- Nimm die Streichholzschachtel überall mit hin und wiederhole die Wörter regelmäßig.

Merkwörter mit langem „**i**“	das Klima	der Titel

Tipp 4: Überprüfung

- Nach zwei Wochen versuchst du, alle Merkwörter auswendig aufzuschreiben.
- Diejenigen, die du vergessen hast, schreibst du dreimal ab.
- Wiederhole das „Auswendig-Aufschreiben“ so lange, bis du alle 42 Wörter sicher im Gedächtnis gespeichert hast.

© Prof. Dr. Friedrich Schönweiss, Uni Münster • www.lernserver.de • Lernserver-Institut – Verlag für Bildungsmedien GmbH

Name:

Exkurs: wieder – wider

„wieder“ oder „wider“?

1. Das Wörtchen „wieder“ bedeutet so viel wie „nochmals“ oder „erneut“. Bilde einen kurzen Satz mit:

wieder: ____

wiederholen: ____

das Wiedersehen: ______________________________________

2. Das Wörtchen „wider“ bedeutet „gegen“ oder „entgegen“. Schreibe in die Lückensätze die passende Zusammensetzung mit „wider“.

Widerwillen Widerstand widerlich widerstrebt
widerstehen Widerhaken erwiderte wider

Der Stachel der Bienen hat ____________________.

Ein mechanischer ________________ ist eine hemmende physikalische Kraft.

Nach seinem Rausch hatte er gegen Wodka einen heftigen __________________ entwickelt.

Der Roman spiegelt die Geschichte des Landes ______________.

Es ____________________ mir, über diese Angelegenheit zu sprechen.

Dieses Gericht schmeckt einfach ____________________.

Er _________________ kurz und knapp: „Lass mich in Ruhe!“

Susanne kann dem Charme von Konrad einfach nicht ______________________.

3. Was ist richtig: „wieder“ oder „wider“?

Kühe sind W___derkäuer.

Sie ist eine Braut w___der Willen.

Er holt sie w___der von der Schule ab.

Sein Verhalten ist w___derwärtig.

Sie wog das Für und W___der ab.

Im Fernsehen laufen ständig W___derholungen.

Er verwickelte sich in W___dersprüche.

Die W___derbelebungsversuche waren erfolgreich.

© Prof. Dr. Friedrich Schönweiss, Uni Münster • www.lernserver.de • Lernserver-Institut – Verlag für Bildungsmedien GmbH

Name:

Fremdwörter: Ausnahmen mit „ie" (Regel finden)

Die Grundregel zum i-Laut in Fremdwörtern hat leider zwei Ausnahmen. Finde sie selbst heraus, indem du die Aufgaben bearbeitest.

**1. Setze auf den betonten Vokal das Zeichen ^ .
Was ist diesen Nomen gemeinsam?**

Batterie, Industrie, Chemie

____

**2. Setze jetzt das Betonungszeichen auf die folgenden Wörter.
Finde ihre Gemeinsamkeit heraus.**

Scharnier, Revier, informieren, addieren

____

3. Versuche nun, die Regel zu den Ausnahmen bei Fremdwörtern zu ergänzen:

In **Fremdwörtern** wird ausnahmsweise _____ geschrieben

1. in Nomen, die einen langen betonten i-Laut am _______________ haben (Chem**îe**);
2. in Nomen und Verben mit Endungen, bei denen auf den langen betonten i-Laut ein ___ folgt (Rev**îer**, reg**îer**en).

Achtung: Punkt 2 trifft auf die drei Wörter *Vampir, Souvenir* und *Wesir* NICHT zu!

4. Finde noch mehr Wörter, die einen langen betonten i-Laut am Ende haben:

_______________ _______________ _______________

5. Finde Nomen mit „ier" am Ende.

_______________ _______________ _______________

6. Finde Verben mit „ieren" am Ende.

_______________ _______________ _______________

© Prof. Dr. Friedrich Schönweiss, Uni Münster • www.lernserver.de • Lernserver-Institut – Verlag für Bildungsmedien GmbH

Name:

Fremdwörter: Ausnahmen mit „ie“ vertiefen (Text)

1. Durchsuche den Text „Klangvoller Tod“ nach Wörtern, die auf -ie, -ier und -ieren enden.

2. Schreibe diese Wörter in die richtigen Spalten.

Klangvoller Tod

Fichte war lange spazieren gewesen. Das half ihm beim Nachdenken, auch wenn er das Ruhrgebiet nicht mochte – wegen der ganzen Industrie. Trotzdem: Die abgewrackte Gegend hier war sein Revier. Und manchmal war er sogar stolz darauf.
Gegen zwölf betrat der Detektiv endlich sein Büro. Das Scharnier der Eingangstür quietschte immer noch abscheulich. Natascha bedeutete ihm mit einer kurzen Geste zu warten, um in Ruhe zu Ende telefonieren zu können. Dann legte sie auf und sah ihn an. „Gräber hat ein Alibi“, sagte sie ohne jegliche Euphorie. „Zur Tatzeit spielte er Klavier. Die Nachbarn können das bestätigen.“
Detektiv Fichte nickte zufrieden. Er mochte seine Sekretärin, irgendwie stimmte die Chemie zwischen ihnen beiden.
„Können wir es riskieren, seine Wohnung zu durchsuchen?“, murmelte er in seinen Schnäuzer hinein. „Ich will mir nur das Klavier ansehen“, fügte er hinzu, bevor Natascha etwas sagen konnte. Als sie den Kopf schüttelte, ging er wortlos. Sie wollte lieber nicht wissen, was er jetzt im Schilde führte, und brachte erst einmal das Ergebnis ihres Anrufs zu Papier...

betonte Endung -ie	**betonte Endung -ier**	**betonte Endung -ieren**

3. Überlege dir:
Was könnte geschehen sein? Wie könnte die Geschichte weitergehen?

© Prof. Dr. Friedrich Schönweiss, Uni Münster • www.lernserver.de • Lernserver-Institut – Verlag für Bildungsmedien GmbH
Lernserver Individuelle Förderung

Name:

Fremdwörter: Ausnahmen mit „ie" vertiefen (Spiel)

Wiederholung im Spiel: Suche dir ein bis drei Partner.

Spielregeln:

- Jeder Spieler erhält eine Kopie der Tabelle.
- Der Älteste beginnt und zählt das ABC leise durch.
- Der Spieler rechts neben ihm sagt „Stopp!". Der letzte Buchstabe wird laut genannt.
- Jeder sucht für sich Wörter, die mit diesem Buchstaben beginnen und in eine der drei Spalten passen (ähnlich wie bei „Stadt-Land-Fluss").
- Achtung: Die Wörter müssen mindestens zwei Silben haben!
- Spielt reihum weiter, bis einer von euch in jeder Spalte drei Wörter stehen hat.
- Dann wird abgerechnet: Beschafft euch einen Duden und schlagt jedes aufgeschriebene Wort nach.
- Für jedes richtig geschriebene Wort gibt es Punkte je nach Spalte.
- Sieger ist, wer die meisten Punkte sammeln konnte.

Tabelle:

1 Punkt	2 Punkte	3 Punkte	4 Punkte
Wort, das auf **-ieren** endet	Wort, das auf **-ie** endet	Wort, das auf **-ier** endet	Wort, das auf **-ir** endet

© Prof. Dr. Friedrich Schönweiss, Uni Münster • www.lernserver.de • Lernserver-Institut – Verlag für Bildungsmedien GmbH

Name:

Exkurs: y in Fremdwörtern

Wusstest du schon,
dass der Buchstabe y nur in Eigennamen und Fremdwörtern vorkommt?

Aufgabe: Ergänze die Lücken. Nimm bei Bedarf Lexika oder das Internet zu Hilfe.

1. Eigennamen mit y

Bundesland: *Bayern*

Städte: ______ ______ ______

Staaten: ______ ______ ______

Vornamen: (weiblich) ______ ______ ______

Vornamen: (männlich) ______ ______ ______

2. Fremdwörter mit y

a) Am Wortende, gesprochen wie /i/:

Baby, ______ ______ ______

______ ______ ______

b) In der Wortmitte, gesprochen wie /ü/:

Dynamit, ______ ______ ______

______ ______ ______

c) In der Wortmitte, gesprochen wie /ei/ (englische Wörter):

Nylon, ______ ______ ______

d) Am Wortanfang, gesprochen wie /j/:

Yacht, ______ ______ ______

© Prof. Dr. Friedrich Schönweiss, Uni Münster • www.lernserver.de • Lernserver-Institut – Verlag für Bildungsmedien GmbH

Name:

Das i-Laut-Quiz (Seite 1)

Das große i-Laut-Quiz

Ziel:
Wiederholung und Sicherung der bisher gelernten Regeln.

Mitspieler:
- 2 bis 3 Schüler, die alle mit dem Material zu den i-Lauten gearbeitet haben.
- 1 Quizmaster als Schiedsrichter und Punktevergeber.

Vorarbeiten:
- Die Bögen mit den Frage- und Antwortkärtchen ausschneiden und mit den leeren Flächen so aufeinanderkleben, dass die Antworten zu den Fragen auf der Vorderseite passen.
- Gegebenenfalls laminieren.
- Jetzt die einzelnen Kärtchen ausschneiden.

Spielregeln:
Der Quizmaster mischt die Fragekärtchen und legt sie mit den Fragen nach oben auf einen Stapel.
Er dreht einen Bleistift, der in der Tischmitte liegt. Dann liest er die erste Frage vor. Antworten muss derjenige, auf den die Spitze des Bleistifts zeigt.
Für jede richtige Antwort gibt es einen Punkt.
Bei einer falschen Antwort geht es reihum im Uhrzeigersinn: Wer die richtige Antwort weiß, bekommt den Punkt.
Wenn alle Fragen gestellt wurden, wird abgerechnet. Der Spieler mit den meisten Punkten gewinnt.

Woran kannst du erkennen, dass es sich um ein deutsches Wort handelt?	Wie wird „Wiese“ geschrieben? Warum?	Wie wird „Schild“ geschrieben? Warum?	Warum wird „Serpentine“ mit einfachem „i“ geschrieben, obwohl der i-Laut lang ist?
Wie wird „er flieht“ geschrieben? Warum?	Zu welcher Gruppe von Wörtern gehören „Titel, Kilo, Krise, Nil und Biber“?	Welches einzige Nomen hat die Buchstabenverbindung „Vieh“?	Weshalb wird „Industrie“ mit „ie“ geschrieben, obwohl es ein Fremdwort ist?
Warum wird das Wort „Makkaroni“ NICHT mit „ie“ geschrieben?	Woran kannst du die meisten Fremdwörter erkennen?	Warum wird „Zitrone“ NICHT mit „ie“ geschrieben?	Erkläre die Regel für Wörter wie „Turnier, Klavier und spazieren“.
Wie schreibt man „hingeschmiert“? Warum?	Welchen ersten Schritt musst du gehen, wenn du herausfinden willst, wie „vielleicht“ geschrieben wird?	Was hat ein Verb wie „braten“ mit i-Lauten zu tun?	In welcher Gruppe von Wörtern kann „ih“ auftauchen?
Welche Besonderheit hat das Wort „ziehen“?	Bei welchen Fremdwörtern taucht ausnahmsweise die betonte Endung „ir“ auf?	Welcher i-Laut kann unterschiedlich geschrieben werden?	JOKER Der, auf den die Stiftspitze zeigt, darf sich aus den verbleibenden Fragen eine aussuchen!

© Prof. Dr. Friedrich Schönweiss, Uni Münster • www.lernserver.de • Lernserver-Institut – Verlag für Bildungsmedien GmbH

Name:

Das i-Laut-Quiz (Seite 2)

Antworten:

Weil „Serpentîne" ein Fremdwort ist: die Betonung liegt in der dritten Silbe.	Bei „Schîld" ist der betonte i-Laut kurz. Kurze i-Laute werden mit „i" verschriftet.	„Wiese", weil der lange betonte i-Laut in deutschen Wörtern meist „ie" verschriftet wird.	Daran, dass der betonte Vokal in der ersten Silbe liegt.
Weil „Industrie" zu den Ausnahmen der Fremdwörter gehört, die die betonte Endung „ie" haben.	das Vieh	Sie gehören zu den Fremdwörtern, die den langen betonten i-Laut in der ersten Silbe haben.	„flieht", weil Grundwort mit Silben-h: „fliehen". Die Schreibung wird in die gebeugte Form übernommen.
Fremdwörter mit „ie" in Nomen und Verben, bei deren Endungen auf den langen betonten i-Laut ein „r" folgt.	„Zitrône" mit „i", weil der i-Laut **un**betont ist.	Daran, dass die Betonung nicht auf der ersten Silbe liegt.	„Makkarôni" mit „i", weil die Endsilbe mit dem i-Laut **un**betont ist.
In Pronomen (Fürwörtern), die mit /i/ beginnen: ihm, ihr, ihnen…	In gebeugten Formen wie „er briet" ändert sich der Stammvokal in „ie", wenn dieser weiterhin lang gesprochen wird.	Das Kompositum muss zuerst in seine Bestandteile zerlegt werden: „viel" und „leicht".	„hingeschmiert". Infinitiv: „schmîeren". Es ist ein deutsches Wort mit langem betontem i-Laut, deshalb: „ie"
JOKER	Nur der **lange** betonte i-Laut.	Vampir, Souvenir, Wesir	Das „h" wird im Präteritum und Perfekt **nicht** übernommen: er zog; gezogen

© Prof. Dr. Friedrich Schönweiss, Uni Münster • www.lernserver.de • Lernserver-Institut – Verlag für Bildungsmedien GmbH

Lernserver
Individuelle Förderung

Name:

Automatisierung aller Regeln: Lückentext (Version A)

Was fehlt hier? Denke an die Regeln und entscheide dich:

i ie ih ieh

Von Blut und Leben

Schaust du dir gerne Vamp___rf___lme an? Sie bilden eines der ältesten Genres, und seit Beg___nn des 20. Jahrhunderts hat die Filmindustr___ unzähl___ge davon hervorgebracht. V___le d___ser Streifen sind noch in Schwarz-Weiß ersch___nen, wie der Klass___ker „Nosferatu“ von 1922. Jeder Untote s___t anders aus, mal erscheint er als abstoßende Bestie, mal als wohlfris___rter Edelmann.

Die F___guren sind stets fikt__v, oft inspir___rt von Bram Stokers Roman „Dracula“ aus dem Jahre 1897. Immer st___llt der Blutsauger seine G___r nach neuem Leben, doch trotzdem sind die Gesch___chten und Filme ganz untersch___dlich. Mal geht es um mut___ge Helden, die sich mit B___bel und Weihwasser dem Grauen w___dersetzen, mal um die trag___sche Gestalt des Vamp___rs oder um L___be und Tod.

In „Interview mit einem Vamp___r“ zum Beisp___l, w___ll der Blutsauger Lestat einem jungen W___twer das Geschenk der Unsterblichkeit anb___ten. Der entdeckt die Schattenseiten des Vamp__rdaseins, und bald versuchen die Geschöpfe des rücks___chtslosen Lestat, vor ___rem Herrn zu fl___en und ___n schl___ßlich zu bezw___ngen.

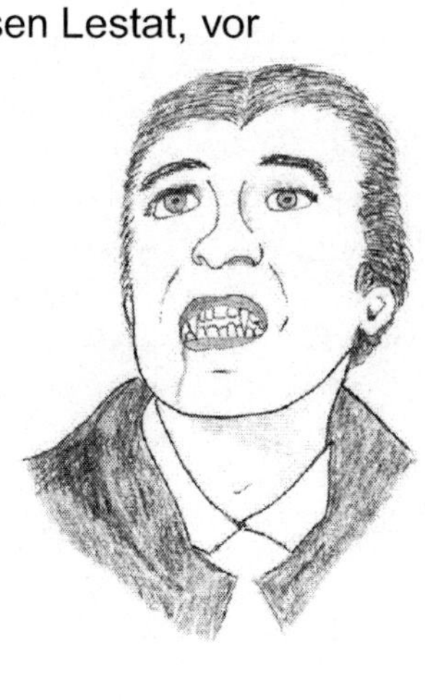

Vamp___rfilme und -serien begeistern alle Altersgruppen, von K___ndern („Der kleine Vamp___r“) und Jugendlichen („Biss zum Morgengrauen“) bis hin zu Erwachsenen.

Was glaubst du? Warum ist das so?

Und was ist deine l___bste Vamp___rgeschichte?

© Prof. Dr. Friedrich Schönweiss, Uni Münster • www.lernserver.de • Lernserver-Institut – Verlag für Bildungsmedien GmbH

Name:

Automatisierung aller Regeln: Lückentext (Version B)

Was fehlt hier? Denke an die Regeln und entscheide dich:

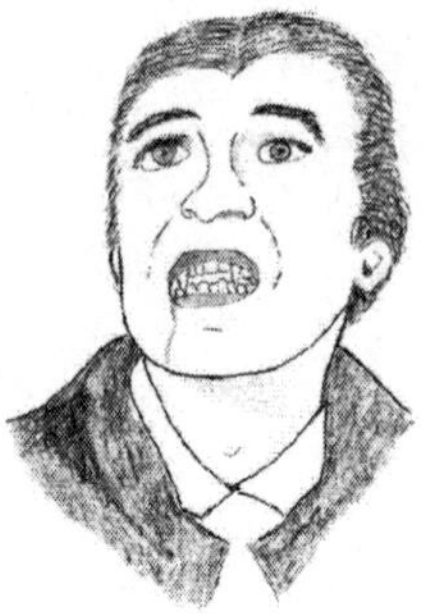

Von Blut und Leben

Schaust du dir gerne ____________ an? Sie bilden eines der ältesten Genres, und seit ____________ des 20. Jahrhunderts hat die ____________ ____________ davon hervorgebracht. ____________ ____________ Streifen sind noch in Schwarz-Weiß ____________, wie der ____________ „Nosferatu“ von 1922. Jeder Untote ____________ anders aus, mal erscheint er als abstoßende Bestie, mal als ____________ Edelmann.

Die ____________ sind stets ____________, oft ____________ von Bram Stokers Roman „Dracula“ aus dem Jahre 1897. Immer ____________ der Blutsauger seine ____________ nach neuem Leben, doch trotzdem sind die ____________ und Filme ganz ____________. Mal geht es um ____________ Helden, die sich mit ____________ und Weihwasser dem Grauen ____________, mal um die ____________ Gestalt des ____________ oder um ____________ und Tod.

In „Interview mit einem ____________“ zum ____________, ____________ der Blutsauger Lestat einem jungen ____________ das Geschenk der Unsterblichkeit ____________. Der entdeckt die Schattenseiten des ____________, und bald versuchen die Geschöpfe des ____________ Lestat, vor ____________ Herrn zu ____________ und ____________ ____________ zu ____________.

____________ und -serien begeistern alle Altersgruppen, von ____________ („Der kleine ____________“) und Jugendlichen („Biss zum Morgengrauen“) bis hin zu Erwachsenen. Was glaubst du? Warum ist das so? Und was ist deine ____________ ____________?

© Prof. Dr. Friedrich Schönweiss, Uni Münster • www.lernserver.de • Lernserver-Institut – Verlag für Bildungsmedien GmbH
Lernserver Individuelle Förderung

Name:

Automatisierung aller Regeln (Lückensätze)

Welche Schreibung ist richtig? Die Regeln, die du gelernt hast, helfen dir!

i ie ih ieh

Mara behauptet, dass sie schon wieder ein K___lo zugenommen hat.

Der König zog sich in seine Pr___vatgemächer zurück.

Er leistete heftigen W___derstand, doch es nützte ihm nichts.

Die D___be entkamen unerkannt.

Leider war ihm die feine Iron___ ihrer Bemerkung entgangen.

Die Hauptstadt von Deutschland ist Berl___n.

Das Fischen mit Dynam___t ist mittlerweile in fast allen Ländern verboten.

Die Tomaten ged___hen auf dem sonnigen Balkon sehr gut.

Wer niemals Brot im Bette aß, weiß nicht, wie Krümel p___ken.

Gestern war sie zuhause gebl___ben, deshalb möchte sie heute gerne ausgehen.

Aus lauter Verzweiflung r___f sie bei ihrem Exfreund an.

Der Chefkoch empf___lt heute die Kürbiscremesuppe.

Boris t___ppt darauf, dass Franz sich nicht traut, die hübsche Veronika anzusprechen.

Das Lieblingsessen vieler Kinder sind Spagêtt___.

Die Europâ___sche Union (EU) besteht aus 27 Staaten.

___retwegen hatte er seine Karriere als Fußballprof___ aufgegeben.

Ich habe Karten für das ch___nes___sche Staatstheater. Kommst du mit?

© Prof. Dr. Friedrich Schönweiss, Uni Münster • www.lernserver.de • Lernserver-Institut – Verlag für Bildungsmedien GmbH

Name:

Informeller Abschlusstest (Diktat)

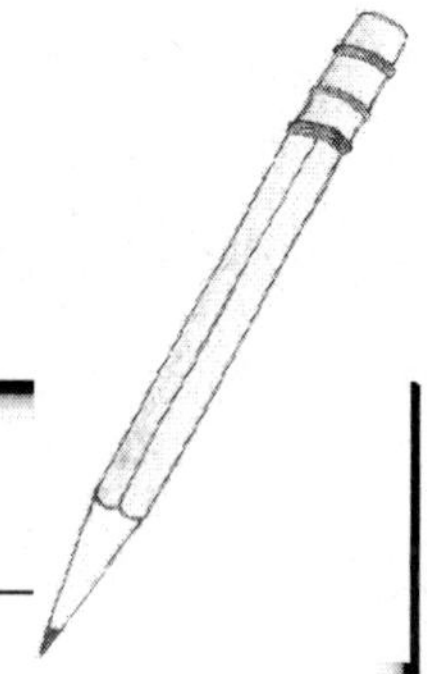

Abschlussdiktat: Zeige, was du gelernt hast.

© Prof. Dr. Friedrich Schönweiss, Uni Münster • www.lernserver.de • Lernserver-Institut – Verlag für Bildungsmedien GmbH

Lösungen zum langen i-Laut

Problemerkennung: Verschiedene Dehnungszeichen

Hinweis für den Lehrenden:
Der Schüler soll mithilfe von gezielten Fragen selbst herausfinden, welche unterschiedlichen Schreibungen für den i-Laut es gibt und welchen Regelmäßigkeiten diese unterworfen sind. Dafür ist Voraussetzung, dass er über das Betonungsprinzip der deutschen Orthographie Bescheid weiß (siehe Fördersequenz „Betonung", Band 2).
Die Antworten sollten auf alle Fälle korrigiert und gemeinsam besprochen werden, da darauf die weiteren Übungen aufbauen.
Vor allem Frage 4 erfordert ein hohes Maß an logischem strukturiertem Denken und an automatisiertem Anwenden des Betonungsprinzips. Hier darf von Seiten der Lehrkraft durchaus Hilfestellung gegeben werden, wenn es nötig ist.

---

1. Lies das Gedicht durch. Unterstreiche dabei alle Wörter, die einen i-Laut haben.

Herbsttag
Herr: es ist Zeit. Der Sommer war sehr groß.
Leg deinen Schatten auf die Sonnenuhren,
und auf den Fluren lass die Winde los.

Befiehl den letzten Früchten voll zu sein;
gib ihnen noch zwei südlichere Tage,
dränge sie zur Vollendung hin und jage
die letzte Süße in den schweren Wein.

Wer jetzt kein Haus hat, baut sich keines mehr.
Wer jetzt allein ist, wird es lange bleiben,
wird wachen, lesen, lange Briefe schreiben
und wird in den Alleen hin und her
unruhig wandern, wenn die Blätter treiben.

(Rainer Maria Rilke, 1875-1926)

2. Schreibe die von dir unterstrichenen Wörter heraus (doppelte nur einmal!).

ist, die, Winde, befiehl, gib, ihnen, südlichere, sie, hin, in, sich, ist, wird, Briefe, unruhig

3. Welche unterschiedlichen Schreibungen für den i-Laut findest du?

i, ie, ieh, ih

4. Versuche eine Regelmäßigkeit bezüglich der Schreibung zu entdecken.
- Sprich dir dafür die Wörter laut vor, achte auf den i-Laut, seine Betonung und seinen Klang.
- Notiere deine Überlegungen hier:

Das solltest du herausgefunden haben:

Der **un**betonte i-Laut wird mit einfachem „i" verschriftet, z.B. südl**i**chere, unruh**i**g
Ebenso der **kurze betonte** i-Laut, z.B. **i**st, h**i**n, **i**n, s**i**ch, w**i**rd

Der **lange betonte** i-Laut kann auf verschiedene Weisen geschrieben werden:
ie → die, Briefe
ih → ihnen
ieh → befiehl
i → gib (Ausnahme)

© Prof. Dr. Friedrich Schönweiss, Uni Münster • www.lernserver.de • Lernserver-Institut – Verlag für Bildungsmedien GmbH

ie: Grundregel

Hinweis für den Lehrenden:

Der Schüler soll hier die Grundregel zum langen i-Laut selbst herausfinden und formulieren. Höchstwahrscheinlich wird ihm bereits im Laufe seiner bisherigen Schulzeit klargeworden bzw. gelehrt worden sein, dass der lange i-Laut *in der Regel* mit ie verschriftet wird. Insofern ist diese Aufgabe leicht zu bewerkstelligen und als Einstiegsübung gut geeignet.

Die Erkenntnis „ie bei langem i-Laut, i bei kurzem i-Laut“ bildet aber nur die elementare Grundlage für die i-Laut-Thematik. Die Schreibungen i, ih und ieh für den langen Laut gibt es ja auch noch. Ihr Vorkommen wird in den folgenden Übungen gebündelt und strukturiert, um dem Schüler die Chance zu geben, mittels eindeutiger Regeln die Prinzipien der verschiedenen Schreibungen zu durchschauen und nicht nur ausschließlich auf das Speichern von Wortbildern angewiesen zu sein.

---

1. Markiere den betonten Vokal mit dem Zeichen ^ und schreibe die Wörter in die passenden Spalten.

Lîcht, Tîsch, Zitrône, lîegen, Lîste, Pistôle, Hîlfe, Zigârre, Lîebe,
Libêlle, Brîef, Pêlikan, Knîe, vermîssen, hîer, vîele, wîschen, Zitât

Kurzer betonter i-Laut	Unbetonter i-Laut	Langer betonter i-Laut
Licht	Zitrone	liegen
Tisch	Pistole	Liebe
Liste	Zigarre	Brief
Hilfe	Libelle	Knie
vermissen	Pelikan	hier
wischen	Zitat	viele

2. Unterstreiche in der Tabelle die langen betonten i-Laute.
- Wie werden sie geschrieben? Formuliere hier die erste Regel zu den i-Lauten:

1. Regel: Wörter mit einem *langen* betonten i-Laut werden mit „ie“ geschrieben.

3. Fülle den Lückentext aus. Du musst dich hier zwischen i oder ie entscheiden.

Ein Hubschrauberpilot hatte von seinem Fluggerät aus einen riesigen Kondensstreifen am Himmel fotografiert. Die Betrachter des Fotos waren verwirrt und stellten wilde Spekulationen an: Handelte es sich etwa um einen ungenehmigten Raketenstart, um ein brennendes Flugzeug oder vielleicht sogar um friedliche Außerirdische? Inzwischen ist klar, dass es kein Raketenstart gewesen sein konnte. Auch, dass es Aliens waren, glaubt niemand mehr. Es wird vermutet, dass der Streifen deshalb so befremdlich wirkte, weil er aus einem ungewöhnlichen Blickwinkel aufgenommen worden war.

© Prof. Dr. Friedrich Schönweiss, Uni Münster • www.lernserver.de • Lernserver-Institut – Verlag für Bildungsmedien GmbH

ie: Stammprinzip

Hinweis für den Lehrenden:
Aufgaben wie diese (Buchstabensalate, Rätsel u.Ä.) sollen etwas Abwechslung in den Übungsalltag bringen. Sie können aber für Schüler, die große Schwierigkeiten im Lesen haben, auch eine Überforderung darstellen. In diesem Fall sollte die Lehrkraft natürlich helfen oder selbst die Wörter im Buchstabensalat farbig markieren, damit die Schüler sie anschließend richtig abschreiben und dann Aufgabe 2 selbstständig bearbeiten können.

---

1. In diesem Buchstabensalat sind acht Wörter mit ie versteckt, und zwar waagrecht, senkrecht und diagonal. Finde sie und schreibe sie auf!

			M				
	S	P	I	E	L	E	N
			E				I
M			S				E
	I						
		E		D	I	E	B
V			T				R
	I			E			I
		E			R		E
T	I	E	R				F

spielen, mies, nie, Mieter, Dieb, Brief, vier, Tier

2. Suche mindestens einen Wortverwandten dazu und unterstreiche ie.
- Beispiel: schmieren → verschmiert, Schmierfink

Lösungsvorschläge:

spielen: verspielt, Spielzeug, spielerisch, du spielst, Spielplatz
mies: mieser, am miesesten, miesepetrig, miesmachen
nie: niemals, niemand
Mieter: Miete, Vermietung, gemietet
Dieb: diebisch, Diebe, Diebstahl
Brief: Briefe, Briefmarke, Briefträger
vier: vierzehn, vierzig, vierhundert
Tier: Tiere, tierisch, tierlieb, Tierarzt

© Prof. Dr. Friedrich Schönweiss, Uni Münster • www.lernserver.de • Lernserver-Institut – Verlag für Bildungsmedien GmbH

ie: Vorgehensweise bei Komposita

Hinweise für die Lehrkraft:

Normalerweise gibt es in einem Wort nur *einen* betonten Laut. Auch in zusammengesetzten Wörtern spricht man nur *einen* Vokal akzentuiert: Wînterlied.
Es reicht aber hier nicht, nur diesen einen betonten Laut auf seine Klangqualität hin zu untersuchen, um eventuelle Stolperfallen zu erkennen, denn dann würde man das „ie" bei Lied übersehen.
Was kann man also bei Zusammensetzungen tun?
Man trennt sie in ihre einzelnen Teile und sucht in *jedem* Teil den Betonungsgipfel. Auf diese Weise erwischt man *alle* betonten Laute und damit auch die möglichen Rechtschreibfallen wie Dehnungszeichen, gedoppelte Konsonantenbuchstaben oder ß.

Kompositum	1. Teil	betonter i-Laut	2. Teil	betonter i-Laut
P**i**ratensch**i**ff	Pirâten	--	Schîff	kurz
Sch**ie**dsr**i**chter	Schîeds-	lang	Rîchter	kurz
St**i**mmengew**i**rr	Stîmmen	kurz	Gewîrr	kurz
Kr**ie**gsd**ie**nst	Krîegs-	lang	Dîenst	lang
Zw**i**schengl**ie**d	zwîschen	kurz	Glîed	lang
T**ie**rl**ie**be	Tîer	lang	Lîebe	lang
W**i**ntersp**ie**le	Wînter	kurz	Spîele	lang
s**ie**gesgew**i**ss	sîeges-	lang	gewîss	kurz
T**i**ntenf**i**sch	Tînten-	kurz	Fîsch	kurz
Salam**i**p**i**zza	Salâmi	--	Pîzza	kurz
B**ie**nenhon**i**g	Bîenen	lang	Hônig	--

Regel für Komposita:

Auch **zusammengesetzte** Wörter haben nur **einen** Hauptbetonungsgipfel!
Um alle **betonten** Vokale und damit die richtige Schreibung herauszufinden,
muss man die Zusammensetzungen in ihre einzelnen Teile **zerlegen**.
Man sucht für jeden Teil den **betonten** Vokal und prüft, ob er **lang** oder **kurz** ist.

© Prof. Dr. Friedrich Schönweiss, Uni Münster • www.lernserver.de • Lernserver-Institut – Verlag für Bildungsmedien GmbH
lernserver Individuelle Förderung

ie: Starke Verben: Regelerarbeitung (Seite 1)

Hinweis für den Lehrenden:

Die Schreibung des i-Lautes bei starken Verben steht und fällt mit seiner Länge und Kürze bzw. mit seiner Klangqualität:

1. Der *lange* i-Laut wird in der Grundform immer mit „ie" geschrieben (bis auf drei Ausnahmen: ziehen, fliehen, wiehern).
2. In gebeugten Formen kann sich dieses „ie" in andere *lange* Stammvokale ändern: liegen → er lag.
3. Andersherum können sich *lange* Stammvokale in ein „ie" verwandeln: rufen → er rief.
4. Kurze i-Laute in der Grundform können sich in lang gesprochene Vokale in gebeugten Formen verwandeln: sitzen → er saß.
5. *Lange* Stammvokale in der Grundform können sich in *kurze* verwandeln, nach denen dann eine Dopplung folgen muss: reiten → er ritt, er ist geritten.

Zur Übung:

Zunächst soll der Schüler selbst versuchen, die gebeugten Verbformen richtig zu verschriften. Die Ergebnisse müssen anschließend korrigiert und besprochen werden; erst dann ist es sinnvoll zu versuchen, die Regelsätze zu ergänzen.

Falls ein Schüler sich damit überfordert fühlt, kann man schrittweise vorgehen und
1) zunächst **folgenden Hinweis** mit Beispielen unterfüttern und üben:

Hörst du in einem ***gebeugten*** Verb einen ***langen*** i-Laut,
kannst du immer **ie** schreiben,
wenn in der Grundform ***kein h*** vorkommt.

Diese starken Verben fallen unter Regelsatz 1):
braten – er briet, gebären – sie gebiert, halten – er hielt, heißen – er hieß, laufen – er lief, lesen – er liest, meiden – er mied, preisen – er pries, raten – er riet, reiben – er rieb, rufen – er rief, scheiden – er schied, scheinen – er schien, schlafen – er schlief, schreiben – er schrieb, schreien – er schrie, schweigen – er schwieg, speien – er spie, steigen – er stieg, stoßen – er stieß, treiben – er trieb, weisen – er wies

Mit diesen Verben können zum Vertiefen Sätze gebildet oder andere Übungen kreiert werden.

Ausnahme: geben – er gibt, gib! Thematisieren Sie die Ausnahme nur, wenn der Schüler darüber stolpert.

2) Wenn der erste Hinweis verstanden ist, kann erklärt werden, dass logischerweise auch **umgekehrt gilt:**

Bei starken Verben, die in der Grundform mit **ie** geschrieben werden,
kann sich der Stammvokal ebenfalls verändern.
(Es ist aber kein ***h*** vonnöten, da in der Grundform keines vorkommt.)

Diese starken Verben fallen unter Regelsatz 2):
biegen – er bog, fliegen – er flog, frieren – er fror, liegen – er lag, schieben – er schob, verlieren – er verlor, wiegen – er wog

3) Wenn verstanden wurde, dass in den gebeugten Formen kein h geschrieben muss, wenn auch kein h in der Grundform vorkam, gilt es die **kurzen** betonten Vokale zu thematisieren:.

Bei starken Verben kann sich in den gebeugten Formen nicht nur der betonte Vokal,
sondern auch seine **Länge** ändern.
Wird er *kurz* gesprochen, kann **nie** ein Dehnungszeichen stehen.
Zudem muss der nachfolgende Konsonant **gedoppelt** werden.

Diese starken Verben fallen unter Regelsatz 3):
fließen – geflossen, genießen – genossen, gießen – gegossen, schießen – geschossen, schießen – geschlossen, sprießen – gesprossen
kneifen – gekniffen, leiden – gelitten, pfeifen – gepfiffen, reißen – gerissen, reiten – geritten, schleifen geschliffen, scheißen – geschissen, schmeißen – geschmissen, schneiden – geschnitten, schreiten – geschritten, streiten - gestritten

© Prof. Dr. Friedrich Schönweiss, Uni Münster • www.lernserver.de • Lernserver-Institut – Verlag für Bildungsmedien GmbH

ie: Starke Verben: Regelerarbeitung (Seite 2)

Aufgabe 1a:
- Setze die in Klammern stehenden Verben in der richtigen Form ein (Präteritum!).
- Kennzeichne bei allen Verben die Länge des betonten Vokals: lang = Strich, kurz = Punkt
- Besprich deine Ergebnisse mit dem Lehrer.

Als er **schlief** (schlafen), **rief** (rufen) ihn sein Freund an. (Alle betonten Vokale der Verben sind **lang**.)

Aufgabe 1b:
- Versuche nun, den Regelsatz zu starken Verben zu ergänzen:

Hört man in einem gebeugten starken Verb einen **langen** i-Laut,
kann man immer **ie** schreiben,
wenn in der Grundform kein ***h*** vorkommt.

Aufgabe 1c:
- Finde noch ein weiteres Verb, auf das die Regel 1b) zutrifft.
- Schreibe es in Grundform, Präsens, Präteritum und Perfekt auf.

Mögliches Beispiel:
stoßen er stößt er stieß er hat gestoßen

Aufgabe 2a:
- Arbeite so, wie in Aufgabe 1a):

Gestern **wog** (wiegen) er den Braten ab und **schob** (schieben) ihn in den Ofen. (Alle betonten Vokale der Verben sind **lang**.)

Aufgabe 2b:
- Ergänze auch diesen Regelsatz:

Bei starken Verben, die in der Grundform mit **ie** geschrieben werden,
kann sich der Stammvokal verändern.
Es ist aber kein ***h*** vonnöten, da in der Grundform keines vorkommt.

Aufgabe 2c:
- Finde noch ein weiteres Verb, auf das die Regel 2b) zutrifft.
- Schreibe es in Grundform, Präsens, Präteritum und Perfekt auf.

Mögliches Beispiel:
wiegen er wiegt er wog er hat gewogen

© Prof. Dr. Friedrich Schönweiss, Uni Münster • www.lernserver.de • Lernserver-Institut – Verlag für Bildungsmedien GmbH
lernserver Individuelle Förderung

ie: Starke Verben: Regelerarbeitung (Seite 3)

Aufgabe 3a:
- Setze die in Klammern stehenden Verben in der richtigen Form ein (Perfekt!).
- Kennzeichne bei allen Verben die Länge des betonten Vokals: lang = Strich, kurz = Punkt
- Besprich deine Ergebnisse mit dem Lehrer.

Sie hatte die Blumen **gegossen** (gießen) und die Tür **abgeschlossen** (abschließen). (Kurzes o!)

Er hatte nach dem Schlüssel **gegriffen** (greifen) und seinem Hund **gepfiffen** (pfeifen). (Kurzes i!)

Aufgabe 3b:
- Versuche den Regelsatz zu ergänzen:

Bei starken Verben kann sich in den gebeugten Formen nicht nur der betonte Vokal, sondern auch seine **Länge** ändern.
Wird er *kurz* gesprochen, kann **nie** ein Dehnungszeichen stehen.
Zudem muss der nachfolgende Konsonant **gedoppelt** werden.

Aufgabe 3c:
- Finde noch ein weiteres Verb, auf das die Regel 3b) zutrifft.
- Schreibe es in Grundform, Präsens, Präteritum und Perfekt auf.

kneifen er kneift er kniff er hat gekniffen

Aufgabe 4:
- Bilde die dritte Person Singular im Präteritum:

schreien:	er **schrie**	halten:	er **hielt**
raten:	er **riet**	scheinen:	sie **schien**
stoßen:	er **stieß**	schreiben:	sie **schrieb**
frieren:	er **fror**	liegen:	er **lag**
fliegen:	er **flog**	verlieren:	er **verlor**
genießen:	er **genoss**	fließen:	es **floss**
schießen:	er **schoss**	schließen:	er **schloss**
reiten:	er **ritt**	leiden:	er **litt**

© Prof. Dr. Friedrich Schönweiss, Uni Münster • www.lernserver.de • Lernserver-Institut – Verlag für Bildungsmedien GmbH

ie: Starke Verben (Vertiefen)

Hinweis für den Lehrenden:
Die in der vorangehenden Aufgabe erarbeiteten Regeln sollen noch einmal angewandt werden. Als weitere vertiefende Aufgabe können mit den gebeugten Verben ganze Sätze geschrieben werden.

1. Ergänze die Tabelle nach den Vorgaben.
Achte auf die Länge und Kürze des betonten Vokals!

Infinitiv (Grundform)	Präteritum (1. Vergangenheit)	Partizip Perfekt (Mittelwort der Vergangenheit)
frieren	er fror	gefroren
bieten	ich bot	geboten
verlieren	sie verlor	verloren
biegen	er bog	gebogen
liegen	es lag	gelegen
schieben	sie schob	geschoben
fliegen	ich flog	geflogen
wiegen	wir wogen	gewogen
raten	wir rieten	geraten
braten	sie brieten	gebraten
blasen	sie blies	geblasen
schlafen	ich schlief	geschlafen
rufen	du riefst	gerufen
steigen	er stieg	gestiegen
schweigen	ich schwieg	geschwiegen
scheinen	sie schien	geschienen
schreiben	du schriebst	geschrieben
meiden	ich mied	gemieden
fließen	es floss	geflossen
genießen	er genoss	genossen
verdrießen	es verdross	verdrossen
schließen	sie schloss	geschlossen
fallen	ich fiel	gefallen
lassen	er ließ	gelassen
springen (Achtung: kurzes i)	ich sprang	gesprungen
sitzen (Achtung: kurzes i)	sie saß	gesessen

© Prof. Dr. Friedrich Schönweiss, Uni Münster • www.lernserver.de • Lernserver-Institut – Verlag für Bildungsmedien GmbH
Lernserver Individuelle Förderung

ih: Pronomen

Hinweis für den Lehrenden:
Der lange i-Laut kann auch mit „ih" verschriftet werden. Allerdings kommt diese Schreibweise nur in Personalpronomen vor, die mit /i/ beginnen:

ihm, **ih**n, **ih**r, **ih**nen, **ih**ren, **ih**resgleichen, **ih**retwegen

Für diese Regel gibt es keine Ausnahmen, die relevant wären.
(Das einzige Nomen mit „ih" wäre der Ihle. So wird ein Hering genannt, der abgelaicht hat. Das muss man aber nicht unbedingt wissen. ☺)

---

1. Unterstreiche im Text die Wörter, bei denen der i-Laut so geschrieben wird: ih.

Man kann nicht auf zwei Hochzeiten gleichzeitig tanzen...

Am 23. April sind Lars und Kira seit drei Jahren zusammen. Und wenn es nach ihm geht, können es noch viele weitere Jahre werden. Ihr zuliebe würde er alles tun. Nur nicht am 23. auf das Spiel verzichten: Schalke gegen Bayern. Nein, das selbst ihretwegen nicht, so leid es ihm tut.
Die Karten hat Lars schon lange und alle seine Freunde sind dabei. Kira könnte natürlich mitkommen, aber sie ist nirgends so ungern wie in einem Fußballstadion. Dabei hat sie ihrem Freund bislang wirklich jedes Spiel gegönnt. Nur, dass Lars sogar an ihrem dritten Jahrestag ins Stadion will, kränkt sie sehr.
Kira hat schon mit ihrer besten Freundin über Lars und seine Fußballleidenschaft gesprochen, aber die kann ihn verstehen, weil ihr eigener Freund ebenfalls ein großer Schalke-Fan ist.
Kira versucht nun, ihren Groll herunterzuschlucken, weil sie Lars liebt, aber das Spiel steht trotzdem zwischen ihr und ihm.
Was würdest du den beiden raten?

2. Formuliere eine Regel, die erklärt, in welchen Wörtern ih vorkommt.
Mögliche Formulierung der Regel:
ih kommt nur in Pronomina (Fürwörtern) vor, die mit i beginnen.

© Prof. Dr. Friedrich Schönweiss, Uni Münster • www.lernserver.de • Lernserver-Institut – Verlag für Bildungsmedien GmbH

ieh: Grundwörter einprägen

<u>Hinweis für den Lehrenden:</u>
„ieh" gibt es nur in einem einzigen Nomen und seinen Ableitungen: das V**ieh**.
In der Grundform haben nur 3 Verben „ieh": fliehen, ziehen, wiehern.

Ansonsten kommt „ieh" nur in gebeugten Verben vor, und zwar dann, wenn in der Grundform ein Dehnungs-h oder ein silbentrennendes h steht und der betonte Laut im gebeugten Verb lang bleibt:

befehlen → er bef**iehl**t
empfehlen → er empf**iehl**t
sehen → er s**ieh**t
fliehen → er fl**ieh**t

Gemeinerweise wird bei *ziehen* das „h" *nicht* in diejenigen Formen übernommen, in denen der Stammvokal wechselt:
ziehen, er zieht; aber: er zog, er hat gezogen. (Möglicher Grund: Analogie zu *fliegen*, er *flog*?)

Aufgabe 1: Merke dir das Nomen „Vieh".
a) Gestalte ein Graffito aus diesem Wort oder male es in einer besonderen Schrift ab.
Beispiele:

Vieh Vieh Vieh Vieh Vieh Vieh Vieh

b) Findest du den zweisilbigen Wortverwandten, bei dem auf das „h" ein Vokal folgt?

viehisch

c) Denke dir einen Merksatz aus, der das Nomen „Vieh" und ieh zum Thema hat.

Merksatz (Beispiel):
„Er schrieb 'das Vieh' mit 'i-e-h',
was sonst bei keinem Hauptwort war."

Aufgabe 2: Merke dir die drei Verben fliehen, ziehen, wiehern.
a) Bilde von diesen Verben die 3. Person Singular Präsens (Einzahl; Gegenwart):

er flieht, er zieht, er wiehert

b) Achtung: Bei einem dieser Verben wird das h im Präteritum und Perfekt nicht übernommen.
Weißt du, bei welchem?

ziehen, er zog, er hat gezogen

© Prof. Dr. Friedrich Schönweiss, Uni Münster • www.lernserver.de • Lernserver-Institut – Verlag für Bildungsmedien GmbH
lernserver Individuelle Förderung

ieh: Gebeugte Formen bilden

Hinweis für den Lehrenden:
In allen Formen muss der lange i-Laut hier mit „ieh“ verschriftet werden. Warum? Weil im Grundwort entweder ein Dehnungs-h oder ein Silben-h vorkam. Dieses h wird in die gebeugten Formen übernommen, wenn der Vokal *lang* bleibt.

Vorsicht aber bei „nehmen“ (mit Dehnungs-h):
er nimmt → der i-Laut wird hier *kurz* gesprochen, deshalb weder „ie“ noch „ieh“, sondern nur i und anschließend ein gedoppelter Konsonantenbuchstabe.

---

1. Bilde mit jedem Verb einen Satz im Präsens und setze ihn anschließend ins Präteritum und ins Perfekt.

2. Unterstreiche dann die Zeitform, in der ein „ieh“ vorkommt.

Die Verben im Präsens, im Präteritum und im Perfekt:

empfehlen:	er <u>empfiehlt</u>, er empfahl, er hat empfohlen
verzeihen:	er verzeiht, er <u>verzieh</u>, er hat <u>verziehen</u>
sehen:	er <u>sieht</u>, er sah, er hat gesehen
gedeihen:	es gedeiht, es <u>gedieh</u>, es ist <u>gediehen</u>
leihen:	er leiht, er <u>lieh</u>, er hat <u>geliehen</u>
geschehen:	es <u>geschieht</u>, es geschah, es ist geschehen
stehlen:	er <u>stiehlt</u>, er stahl, er hat gestohlen
fliehen:	er <u>flieht</u>, er floh, er ist geflohen

lernserver Individuelle Förderung
© Prof. Dr. Friedrich Schönweiss, Uni Münster • www.lernserver.de • Lernserver-Institut – Verlag für Bildungsmedien GmbH

ieh: Gebeugte Formen einsetzen

Hinweis für den Lehrenden:
Die Übung ist zur weiteren Vertiefung gedacht: Verben, die in bestimmten Formen mit „ieh" geschrieben werden, müssen hier in 3 verschiedene Zeiten gesetzt werden.

Es geht um gebeugte Verbformen!
1. Ergänze den Merksatz:

Ein **h** taucht in gebeugten Verbformen nur dann auf,
wenn es ein **h** in der **Grundform** gibt.
Ausnahme: **ziehen** (er zieht, er zog, er hat gezogen)

2. Bilde in den einzelnen Textabschnitten die entsprechenden Verbformen.

Präsens:

Enno **stiehlt** (stehlen) manchmal Autos.
Ob sich das wirklich **empfiehlt** (empfehlen)?

Präteritum:

Einmal hatte er sich wieder mit Thomas in die reiche Vorstadt geschlichen,
wo in herrlichen Gärten wundervolle Blumen **gediehen** (gedeihen).
Sie hatten den Wagen schon aufgebrochen, als Thomas eine Polizeistreife **sah** (sehen).
Zu spät, was Enno ihm jedoch **verzieh** (verzeihen).
Eine Lautsprecherstimme **befahl** (befehlen) den Jungen, die Hände zu heben.
Da **geschah** (geschehen) es:

Perfekt:

Thomas hatte die Waffe **gezogen** (ziehen), die sein Bruder ihm **geliehen** (leihen) hatte.
Als die Polizisten innehielten, war Thomas schon **geflohen** (fliehen).

© Prof. Dr. Friedrich Schönweiss, Uni Münster • www.lernserver.de • Lernserver-Institut – Verlag für Bildungsmedien GmbH
lernserver Individuelle Förderung

Fremdwörter: Erkennung und Grundregel

Hinweis für den Lehrenden:
In Fremdwörtern wird bis auf zwei Ausnahmen der lange i-Laut nur mit einfachem „i“ verschriftet. Man kann – auch ohne Latein- und Griechischkenntnisse – viele Fremdwörter daran erkennen, dass sie NICHT in der *ersten* Silbe betont sind:

Bikîni, Famîlie, Petersîlie

Insofern muss man *diese* Wörter *nicht* als Merkwörter mit einfachem „i“ auswendig lernen, sondern man orientiert sich lediglich daran, in welcher Silbe der betonte i-Laut vorkommt.

Die Fremdwörter und die anderen Merkwörter mit einem betonten langen i-Laut in der *ersten* Silbe müssen zu einem späteren Zeitpunkt auswendig gelernt werden (z.B. Bibel, Kilo, prima usw.).

---

1. Setze bei den folgenden Wörtern den Betonungsgipfel ^ und sortiere sie.

Wîese, Lawîne, Famîlie, Detektîv, sîeben, vîele, Delfîn, Krokodîl, Lokomotîve, Brîefe

deutsche Wörter	Fremdwörter
Wîese sîeben vîele Brîefe	Lawîne Famîlie Detektîv Delfîn Krokodîl Lokomotîve

2. Prüfe: Ist der betonte i-Laut in diesen Fremdwörtern *lang* oder *kurz*?

Der i-Laut wird hier **lang** gesprochen.

3. Ergänze nun die Grundregel zu den Fremdwörtern:

In Fremdwörtern wird der lange betonte i-Laut **in der Regel** mit i verschriftet.

4. Rätsel: Um welche Fremdwörter mit langem i-Laut handelt es sich hier?

 das **Krokodîl**

 die **Lokomotîve**

 der **Bikîni**

 die **Gardîne**

 das **Benzîn**

 der **Detektîv**

© Prof. Dr. Friedrich Schönweiss, Uni Münster • www.lernserver.de • Lernserver-Institut – Verlag für Bildungsmedien GmbH

Fremdwörter: Grundregel vertiefen (Lückenwörter)

Hinweis für den Lehrenden:
Hier werden nebenbei auch die Regeln zum betonten Vokal wiederholt.
Es gilt:

- Die ***unbetonten*** i-Laute werden sowieso immer nur mit einfachem „i" verschriftet.
- Ausschließlich der *betonte* i-Laut kann überhaupt ein Längezeichen (e, h) haben und dies natürlich nur dann, wenn er *lang* gesprochen wird.
- In **deutschen** Wörtern ist „**ie**" als Längezeichen üblich. (ih nur bei Pronomen, die mit i beginnen; ieh nur bei Vieh und einigen Verben.)
- Bei **Fremdwörtern** wird der lange i-Laut in den meisten Fällen nur mit **einfachem „i"** verschriftet.
- Viele **Fremdwörter** sind daran zu **erkennen**, dass sie im Gegensatz zu deutschen Wörtern auch in der zweiten oder einer weiteren Silbe betont sein können.
- Wenn **deutsche** Wörter in der **zweiten** Silbe betont sind, haben sie in der Regel eine **unbetonte Vorsilbe** und sind daran als deutsche Wörter erkennbar.

Diese Regeln wurden in der Betonungssequenz und in den vorangegangen Übungen zum i-Laut bereits ausführlich besprochen und angewandt und können nun für die oft nicht ganz einfache Entscheidung „i oder ie" eingesetzt werden.

Aufgabe 1. Wiederhole die Grundregel zu den Fremdwörtern.
Antwort:
In Fremdwörtern wird der lange betonte i-Laut **in der Regel** mit einfachem **„i"** verschriftet.

Aufgabe 2. Erinnere dich: Woran kannst du sehr viele Fremdwörter erkennen?
Antwort:
Sehr viele Fremdwörter sind in der zweiten, dritten oder vierten Silbe betont (sind nicht in der ersten Silbe betont). Darin unterscheiden sie sich von deutschen Wörtern.

Aufgabe 3. Wende nun dein Wissen zum i-Laut an und fülle die Lücken.
Gib bei jedem Wort eine kurze Begründung für deine Entscheidung.

die Mandarîne	**Fremdwort**, da nicht in der ersten Silbe betont; langer i-Laut wird „i" geschrieben.
der Frieden	**Deutsches** Wort, da in der ersten Silbe betont; langer i-Laut wird „ie" geschrieben.
die Lawîne	**Fremdwort**, da nicht in der ersten Silbe betont; langer i-Laut wird „i" geschrieben.
die Informatiôn	**Betonung** liegt ***nicht*** auf den i's, sondern auf dem o. Deshalb: „i".
die Êwigkeit	**Betonung** liegt ***nicht*** auf dem i, sondern auf dem E. Deshalb: „i".
die Zwiebel	**Deutsches** Wort, da in der ersten Silbe betont; langer i-Laut wird „ie" geschrieben.
die Perspektîve	**Fremdwort**, da nicht in der ersten Silbe betont; langer i-Laut wird „i" geschrieben.
die Bîrne	**Deutsches** Wort, da in der ersten Silbe betont; aber **kurzer** i-Laut, deshalb „i".
konstruktîv	**Fremdwort**, da nicht in der ersten Silbe betont; langer i-Laut wird „i" geschrieben.
die Tiefe	**Deutsches** Wort, da in der ersten Silbe betont; langer i-Laut wird „ie" geschrieben.
zivîl	**Fremdwort**, da nicht in der ersten Silbe betont; langer i-Laut wird „i" geschrieben.
die Gardîne	**Fremdwort**, da nicht in der ersten Silbe betont; langer i-Laut wird „i" geschrieben.
der Schlîtten	**Deutsches** Wort, da in der ersten Silbe betont; aber **kurzer** i-Laut, deshalb „i".
der Kanîster	**Fremdwort**, da nicht in der ersten Silbe betont und **kurzer** i-Laut, deshalb sowieso „i".
verbieten	**Deutsches** Wort, obwohl in der zweiten Silbe betont, da „ver" eine Vorsilbe ist, die abgetrennt werden muss → „ie".

© Prof. Dr. Friedrich Schönweiss, Uni Münster • www.lernserver.de • Lernserver-Institut – Verlag für Bildungsmedien GmbH
lernserver Individuelle Förderung

Exkurs: wieder – wider

Hinweis für den Lehrenden:
Ob der Exkurs an dieser Stelle der Förderung eingeschoben wird, muss die begleitende Lehrperson entscheiden. Die Wörtchen „wieder“ und „wider“ werden jedenfalls häufig falsch geschrieben, da die richtige Schreibung nur über die Erschließung des Kontextes herausgefunden werden kann. Und selbst das ist nicht immer ganz einfach.

„wieder“ oder „wider“?

1. Das Wörtchen „wieder“ bedeutet so viel wie „nochmals“ oder „erneut“. Bilde einen kurzen Satz mit:

Mögliche Antworten:
wieder: Ich komme morgen **wieder**.

wiederholen: Wir **wiederholen** die Übungen, die wir nicht verstanden haben.

das Wiedersehen: Sie freute sich auf das **Wiedersehen**.

2. Das Wörtchen „wider“ bedeutet „gegen“ oder „entgegen“. Schreibe in die Lückensätze die passende Zusammensetzung mit „wider“.

Widerwillen Widerstand widerlich widerstrebt
widerstehen Widerhaken erwiderte wider

Der Stachel der Bienen hat **Widerhaken.**

Ein mechanischer **Widerstand** ist eine hemmende physikalische Kraft.

Nach seinem Rausch hatte er gegen Wodka einen heftigen **Widerwillen** entwickelt.

Der Roman spiegelt die Geschichte des Landes **wider**.

Es **widerstrebt** mir, über diese Angelegenheit zu sprechen.

Dieses Gericht schmeckt einfach **widerlich**.

Er **erwiderte** kurz und knapp: „Lass mich in Ruhe!“

Susanne kann dem Charme von Konrad einfach nicht **widerstehen**.

3. Was ist richtig: „wieder“ oder „wider“?

Kühe sind Wiederkäuer.

Sie ist eine Braut wider Willen.

Er holt sie wieder von der Schule ab.

Sein Verhalten ist widerwärtig.

Sie wog das Für und Wider ab.

Im Fernsehen laufen ständig Wiederholungen.

Er verwickelte sich in Widersprüche.

Die Wiederbelebungsversuche waren erfolgreich.

lernserver Individuelle Förderung | © Prof. Dr. Friedrich Schönweiss, Uni Münster • www.lernserver.de • Lernserver-Institut – Verlag für Bildungsmedien GmbH

Fremdwörter: Ausnahmen mit „ie" (Regel finden)

Hinweis für den Lehrenden:
Wie immer gibt es auch bei Fremdwörtern leider Ausnahmen. Bei ihnen wird der lange i-Laut zwar in der Regel mit einfachem „i" verschriftet, aber in zwei Fällen trifft dies nicht zu:

1. Wenn der lange i-Laut die *betonte* Endung bildet. Dies kommt bei Nomen vor: Biolog**ie**, Batter**ie**.
2. Wenn in der *betonten* Endung nach dem langen i-Laut ein „**r**" folgt: Klav**ier**, telefon**ier**en.

Achtung:
Das „ie" von *Chemîe* wird bei *chêmisch* und *Chêmiker* nicht übernommen, da der i-Laut hier nicht betont ist.
Vergleiche auch Biologîe – biolôgisch usw.

Die Grundregel zum i-Laut in Fremdwörtern hat leider zwei Ausnahmen. Finde sie selbst heraus, indem du die Aufgaben bearbeitest.

1. Setze auf den betonten Vokal das Zeichen ^ .
Was ist diesen Nomen gemeinsam?
Batterîe, Industrîe, Chemîe
Antwort:
Alle drei Nomen haben den langen betonten i-Laut am Wortende. An dieser Stelle wird er mit „ie" verschriftet.

2. Setze jetzt das Betonungszeichen auf die folgenden Wörter.
Finde ihre Gemeinsamkeit heraus.
Scharnîer, Revîer, informîeren, addîeren
Antwort:
Diese Wörter haben Endungen, bei denen auf den langen betonten i-Laut ein „r" folgt. Hier wird „ie" geschrieben.

3. Versuche nun, die Regel zu den Ausnahmen bei Fremdwörtern zu ergänzen:

In **Fremdwörtern** wird ausnahmsweise **ie** geschrieben

1. in Nomen, die einen langen betonten i-Laut am **Wortende** haben (Chem**îe**);
2. in Nomen und Verben mit Endungen, bei denen auf den langen betonten i-Laut ein **r** folgt (Rev**îer**, reg**îer**en).

Achtung: Punkt 2 trifft auf die drei Wörter *Vampir, Souvenir* und *Wesir* NICHT zu!

4. Finde noch mehr Wörter, die einen langen betonten i-Laut am Ende haben:
Industr**ie**, Biolog**ie**, Iron**ie**, Mag**ie**, Kalor**ie**, Sympath**ie**, Garant**ie**, Fotograf**ie**, Poes**ie**, Theor**ie** usw.

5. Finde Nomen mit „ier" am Ende.
Man**ier** (Manieren), Pap**ier**, Klav**ier**, Offiz**ier**

6. Finde Verben mit „ieren" am Ende.
subtrah**ier**en, multipliz**ier**en, divid**ier**en, telefon**ier**en, konzentr**ier**en, kombin**ier**en, spaz**ier**en, command**ier**en, kap**ier**en, kop**ier**en, orient**ier**en, organis**ier**en, prob**ier**en, separ**ier**en usw.

© Prof. Dr. Friedrich Schönweiss, Uni Münster • www.lernserver.de • Lernserver-Institut – Verlag für Bildungsmedien GmbH

Fremdwörter: Ausnahmen mit „ie“ vertiefen (Text)

1. **Durchsuche den Text „Klangvoller Tod“ nach Wörtern, die auf -ie, -ier und -ieren enden.**
2. **Schreibe diese Wörter in die richtigen Spalten.**

Klangvoller Tod

Fichte war lange spazieren gewesen. Das half ihm beim Nachdenken, auch wenn er das Ruhrgebiet nicht mochte – wegen der ganzen Industrie. Trotzdem: Die abgewrackte Gegend hier war sein Revier. Und irgendwie war er manchmal stolz darauf.
Gegen zwölf betrat der Detektiv endlich sein Büro. Das Scharnier der Eingangstür quietschte immer noch abscheulich. Natascha bedeutete ihm mit einer kurzen Geste zu warten, um in Ruhe zu Ende telefonieren zu können. Dann legte sie auf und sah ihn an. „Gräber hat ein Alibi“, sagte sie ohne jegliche Euphorie. „Zur Tatzeit spielte er Klavier. Die Nachbarn können das bestätigen.“
Detektiv Fichte nickte zufrieden. Er mochte seine Sekretärin, irgendwie stimmte die Chemie zwischen ihnen beiden.
„Können wir es riskieren, seine Wohnung zu durchsuchen?“, murmelte er in seinen Schnäuzer hinein. „Ich will mir nur das Klavier ansehen“, fügte er hinzu, bevor Natascha etwas sagen konnte. Als sie den Kopf schüttelte, ging er wortlos. Sie wollte lieber nicht wissen, was er jetzt im Schilde führte, und brachte erst einmal das Ergebnis ihres Anrufs zu Papier...

betonte Endung -ie	**betonte Endung -ier**	**betonte Endung -ieren**
Industrie Euphorie Chemie	Revier Scharnier Klavier Papier	spazieren telefonieren riskieren

© Prof. Dr. Friedrich Schönweiss, Uni Münster • www.lernserver.de • Lernserver-Institut – Verlag für Bildungsmedien GmbH

Exkurs: y in Fremdwörtern

Hinweis für den Lehrenden:
Die Übung ist optional! Die begleitende Lehrkraft sollte individuell entscheiden, ob die Thematik für den jeweiligen Schüler zu diesem Zeitpunkt passt oder eine Überforderung darstellen könnte.

Wusstest du schon,
dass der Buchstabe „y“ nur in Eigennamen und Fremdwörtern vorkommt?

Aufgabe: Ergänze die Lücken. Nimm bei Bedarf Lexika oder das Internet zu Hilfe.

1. Eigennamen mit y

Bundesland: Bayern

Städte: z.B.: York, New York, Plymouth, Kyoto, Yokohama, Sydney, Monterrey, Bombay, Lyon, Ypern, Ybbs

Staaten: z.B.: Syrien, Zypern, Paraguay, Uruguay, Malaysia, Guyana

Vornamen: (weiblich) z.B.: Jenny, Lucy, Mary, Cindy, Yagmur, Yasemin, Gaby, Romy, Lydia, Yoko, Yvonne

Vornamen: (männlich) z.B.: Henry, Harry, Tommy, Bobby, Yves, Yul, Yakup, Yannis

2. Fremdwörter mit y
a) Am Wortende, gesprochen wie /i/:

Baby, z.B.: Handy, Lady, City, Copy, Teddy, Pony, sexy, Hobby, Rugby, Rowdy, Story

b) In der Wortmitte, gesprochen wie /ü/:

Dynamit, z.B.: Dynamo, Analyse, Physik, Psychologie, Rhythmus, System, Synonym, lynchen, Lyrik, Nymphe, Dynastie, Gymnastik, Gymnasium, Gyros, hyperaktiv, Hypnose, mysteriös, symmetrisch, synchron, Typ, Tyrann

c) In der Wortmitte, gesprochen wie /ei/ (englische Wörter):

Nylon, z.B.: Recycling, Byte, Cyberspace, Hype

d) Am Wortanfang, gesprochen wie /j/:

Yacht, z.B.: Yard, Yoga, Yeti, Yen, Yucca, Yuppie

© Prof. Dr. Friedrich Schönweiss, Uni Münster • www.lernserver.de • Lernserver-Institut – Verlag für Bildungsmedien GmbH

Automatisierung aller Regeln (Lückentext)

Hinweis für den Lehrenden:
Es gibt drei Möglichkeiten:
1. Die Form des Lückentextes gewährleistet ein selbstständiges Arbeiten des Schülers und ein Fokussieren auf eine bestimmte Rechtschreibschwierigkeit.
2. Beim Lückendiktat muss ein Partner oder die begleitende Lehrperson dabei sein. Der Vorteil ist jedoch, dass das ganze Wort geschrieben werden muss und die prekäre Stelle nicht schon durch die Lücke vorgegeben ist.
3. Für besonders sichere Schüler bietet sich das Volldiktat an, da es natürlich ungleich schwieriger und anstrengender ist, den ganzen Text schriftlich zu Papier zu bringen.

Abgefragt werden alle Regeln und Ausnahmen zum i-Laut. Wenn dies einige Schüler überfordern sollte, können die einzelnen Regeln auf DIN-A5-Kärtchen geschrieben und nochmals wiederholt werden.
Bei Schülern mit besonderen Schwierigkeiten dürfen diese Kärtchen auch als Hilfe während des Diktats dienen.

Von Blut und Leben

Schaust du dir gerne Vampirfilme an? Sie bilden eines der ältesten Genres, und seit Beginn des 20. Jahrhunderts hat die Filmindustrie unzählige davon hervorgebracht. Viele dieser Streifen sind noch in Schwarz-Weiß erschienen, wie der Klassiker „Nosferatu“ von 1922. Jeder Untote sieht anders aus, mal erscheint er als abstoßende Bestie, mal als wohlfrisierter Edelmann.
Die Figuren sind stets fiktiv, oft inspiriert von Bram Stokers Roman „Dracula“ aus dem Jahre 1897. Immer stillt der Blutsauger seine Gier nach neuem Leben, doch trotzdem sind die Geschichten und Filme ganz unterschiedlich. Mal geht es um mutige Helden, die sich mit Bibel und Weihwasser dem Grauen widersetzen, mal um die tragische Gestalt des Vampirs oder um Liebe und Tod.
In „Interview mit einem Vampir“ zum Beispiel will der Blutsauger Lestat einem jungen Witwer das Geschenk der Unsterblichkeit anbieten. Der entdeckt die Schattenseiten des Vampirdaseins, und bald versuchen die Geschöpfe des rücksichtslosen Lestat, vor ihrem Herrn zu fliehen und ihn schließlich zu bezwingen.
Vampirfilme und -serien begeistern alle Altersgruppen, von Kindern („Der kleine Vampir“) und Jugendlichen („Biss zum Morgengrauen“) bis hin zu Erwachsenen. Was glaubst du? Warum ist das so? Und was ist deine liebste Vampirgeschichte?

© Prof. Dr. Friedrich Schönweiss, Uni Münster • www.lernserver.de • Lernserver-Institut – Verlag für Bildungsmedien GmbH

Automatisierung aller Regeln (Lückensätze)

Welche Schreibung ist richtig? Die Regeln, die du gelernt hast, helfen dir!

Mara behauptet, dass sie schon wieder ein **Kîlo** zugenommen hat.
(Merkwort mit langem i-Laut in der ersten Silbe.)

Der König zog sich in seine **Privâtgemächer** zurück.
(Der i-Laut ist *nicht* betont, deshalb „i".)

Er leistete heftigen **Wîderstand**, doch es nützte ihm nichts.
(Merkwort mit der Bedeutung „gegen")

Die **Dîebe** entkamen unerkannt.
(Der lange betonte i-Laut liegt in der *ersten* Silbe, deshalb deutsches Wort mit „ie".)

Leider war ihm die feine **Ironîe** ihrer Bemerkung entgangen.
(Regel zu Fremdwörtern: Wenn Nomen mit einem langen betonten i-Laut enden, wird „ie" geschrieben.)

Die Hauptstadt von Deutschland ist **Berlîn**.
(Der lange betonte i-Laut liegt in der *zweiten* Silbe, deshalb ist es ein Fremdwort und „i" ist richtig.)

Das Fischen mit **Dynamît** ist mittlerweile in fast allen Ländern verboten.
(Der lange betonte i-Laut liegt in der *dritten* Silbe, deshalb ist es ein Fremdwort und „i" ist richtig.)

Die Tomaten **gedîehen** auf dem sonnigen Balkon sehr gut.
(Der betonte i-Laut liegt hier zwar in der zweiten Silbe, aber die erste Silbe ist eine Vorsilbe und zählt deshalb bei der Unterscheidung „deutsches Wort oder Fremdwort?" nicht dazu. Es handelt sich also um ein *deutsches* Wort und der lange i-Laut muss deshalb „ie" verschriftet werden.)

Wer niemals Brot im Bette aß, weiß nicht, wie Krümel **pîken**.
(Merkwort mit langem i-Laut in der ersten Silbe. „Piken" kommt aus dem Französischen: „Pike" = Spieß.)

Gestern war sie zuhause **geblîeben**, deshalb möchte sie heute gerne ausgehen.
(Grundwort = starkes Verb „bleiben", das im Präteritum und Perfekt den Stammvokal wechselt. Da der i-Laut bei „geblieben" lang ist, muss „ie" geschrieben werden.)

Aus lauter Verzweiflung **rief** sie bei ihrem Exfreund an.
(Grundwort: rufen. Regel: Hörst du in gebeugten Formen einen **langen** i-Laut, musst du ihn in der Regel mit **ie** verschriften.)

Der Chefkoch **empfîehlt** heute die Kürbiscremesuppe.
(Grundwort: empfehlen mit Dehnungs-h. Regel: Das „h" wird in die gebeugte Form mit übernommen, wenn der i-Laut lang bleibt.)

Boris **tîppt** darauf, dass Franz sich nicht traut, die hübsche Veronika anzusprechen.
(Grundwort „tippen". Kurzer i-Laut, deshalb „i".)

Das Lieblingsessen vieler Kinder sind **Spagêtti**.
(Fremdwort; der i-Laut ist nicht betont, deshalb „i".)

Die **Europâische** Union (EU) besteht aus 27 Staaten.
(Der i-Laut ist nicht betont, außerdem gilt die Regel für Fremdwörter. Deshalb „i".)

Îhretwegen hatte er seine Karriere als **Fußballprofi** aufgegeben.
(îhretwegen: Pronomen mit i-Laut am Anfang → ih. Profi: i-Laut ist unbetont → „i".)

Ich habe Karten für das **chinêsische** Staatstheater. Kommst du mit?
(Zwei Gründe: 1. i-Laut ist *nicht* betont, 2. Fremdwort; also „i".)

© Prof. Dr. Friedrich Schönweiss, Uni Münster • www.lernserver.de • Lernserver-Institut – Verlag für Bildungsmedien GmbH
lernserver Individuelle Förderung

Informeller Abschlusstest (Diktat)

Abschlussdiktat zur informellen Testung

Lesen Sie den Text zuerst am Stück vor, diktieren Sie dann Satz für Satz. Artikulieren Sie jeden Satz in der gewohnten Alltagssprache. Besprechen Sie die Fehler mit dem Schüler und konzentrieren Sie sich dabei auf Fehlschreibungen bei den i-Lauten (unterstrichene Wörter). Die Schreibung aller Wörter ist durch eine Regel (bzw. deren Ausnahme) erklärbar.

Da der Text eine kritische Auseinandersetzung mit dem Thema *Alkohol* auslösen soll, empfiehlt es sich, das Diktat mit mehreren Schülern durchzuführen. Natürlich können auch die anderen Schüler von der Kenntnis ihrer Stärken und Schwächen im Bereich der i-Laute profitieren.

Im Ferienlager

Griechenland: Blauer Himmel, blaues Meer. Hier sieht es so toll aus, dass es Katjas Fantasie übersteigt. Sie ist mit ihrem Freund Ulf ins Ferienlager gefahren, doch statt auf ihren Vorschlag, ein bisschen am Strand zu spazieren, einzugehen, bekommt der gerade die Krise: Alkoholverbot! Dabei wollte er ohne seine Eltern einmal richtig feiern. Ulf murmelt etwas von „Hitze“ und „schwitzen“ und verschwindet missmutig zum Zeltaufbau.

Als alle Zelte stehen, ziehen die Jugendlichen mit leeren Rucksäcken in den nahen Touristenort. Katja kauft Postkarten und eine Delfinfigur als Souvenir. Ulf sucht mit seinen Freunden nach Dosenbier und Zigaretten. Schon am Nachmittag beginnen sie am Strand ihre alkoholischen Vorräte zu vertilgen und besuchen danach eine Bar. Abgefüllt mit einem halben Liter Ouzo verliert bald jeder seine guten Manieren. Nachts torkeln sie grölend zurück und verziehen sich völlig fertig in ihre Zelte. Doch Ulf muss sich bald übergeben. Er schafft es gerade noch, auf die Wiese zu kriechen, dann liegt er stöhnend und stinkend im Dreck.

Am nächsten Tag besuchen ihn seine Freunde in der Klinik. „Als ich dich gesehen habe, rief ich sofort den Gruppenleiter! Du wärst beinahe abgeschmiert“, sagt Thomas besorgt.

Ulf blickt mit verquollenen Augen zu seiner Freundin hin, doch Katja wendet sich angewidert ab.

Diskussion:

- *Warum gibt es in dem Ferienlager ein Alkoholverbot?*
- *Findet ihr das richtig?*
- *Findet ihr Katjas Reaktion überzogen?*

Vielleicht habt ihr Lust auf ein Rollenspiel:

- *Einer übernimmt die Rolle des Gruppenleiters, die anderen spielen Ulf und seine Freunde.*
- *Wie können Ulfs Ferien weitergehen?*
- *Wie beeinflusst der Vorfall die Beziehung zwischen Ulf und Katja?*

© Prof. Dr. Friedrich Schönweiss, Uni Münster • www.lernserver.de • Lernserver-Institut – Verlag für Bildungsmedien GmbH

Themenhefte
Der Rechtschreib-Lehrgang für die Klassen 5 und 6
Kopiervorlagen, didaktische Grundlagen, Unterrichtsempfehlungen

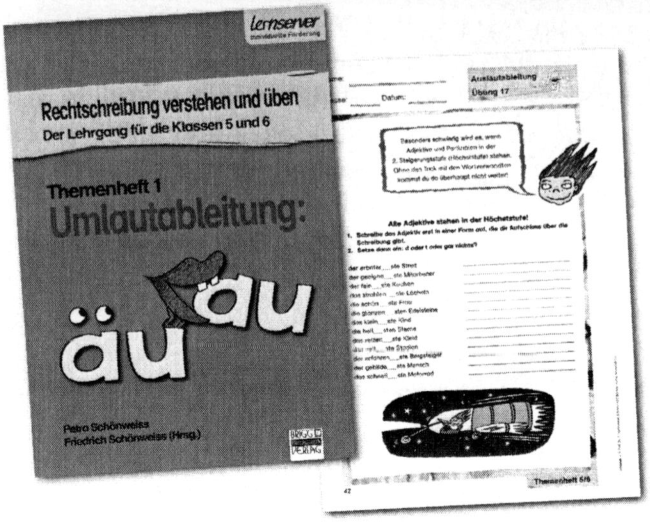

Zur **Sicherheit in der Rechtschreibung** verhelfen? Dabei unterstützt dieser strukturierte, einheitliche Rechtschreiblehrgang für die Klassen 5 und 6. Lehrer, Förderkräfte und Eltern finden hier alles, um die zentralen Prinzipien der Orthographie zu vermitteln.
Die Schüler werden dazu angeregt, das „Wie" und „Warum" zu erforschen, um auf diese Weise einen souveränen Zugang zu Sprache und Schrift zu gewinnen und ihre Strategien zu optimieren.

Besonderer Wert wird auf das **eigenständige** wie auch **gemeinschaftliche Lernen** gelegt.

Motto:
Erforschen, verstehen, üben

Einsatz:
- Zur Einführung in einen bestimmten Themenbereich
- Für die Arbeit an Fehlerschwerpunkten mit der ganzen Klasse
- Für das ergänzende Üben zuhause oder in Fördergruppen
- In Kombination mit den individuellen Lernserver-Materialien

Aufbau und Inhalt:
- Grundlegende Erklärungen zu den orthographischen Prinzipien
- Vorschläge zur Themeneinführung im Unterricht
- Kopiermaterial: Übungen und Spiele, die sinnvoll aufeinander aufbauen und abwechslungsreich gestaltet sind
- Hinweise zur Didaktik für den Lehrenden
- Lösungen für die Partnerarbeit und zur Selbstkontrolle

Es liegen Themenhefte zu diesen Rechtschreibbereichen vor:

Themenheft 1: **au-äu**
Was ist richtig: eu oder äu? Genaues Hinhören ist keine Lösung, denn „eu" und „äu" sind akustisch nicht zu unterscheiden. Was tun? Die Ableitungsregeln geben Sicherheit.
Best.-Nr. 48303 **€ 14,80**

Themenheft 2: **a-ä**
Kurz gesprochen klingen e und ä völlig gleich: *Klemme* und *Kämme*. Mithilfe von Wortverwandten kann die korrekte Schreibung problemlos ermittelt werden.
Best.-Nr. 48323 **€ 14,80**

Themenheft 3: **Auslautableitung**
Am Silbenende sprechen wir die Plosivlaute d, b, g „hart" aus, so dass sie wie t, p und k klingen. Durch das Hören allein kann man also nicht herausfinden, ob „furchdbar" oder „furchtbar" geschrieben wird. Doch der Trick mit der Ableitung bringt schnell Licht ins Dunkel: *furchtbar* kommt von *fürchten* – hier ist der Lautunterschied wieder hörbar.
Best.-Nr. 48324 **€ 16,80**

Themenheft 4: **Betonung**

Der Betonungsgipfel eines Wortes ist der Dreh- und Angelpunkt für orthographische Stolperfallen wie Konsonantendopplung, Dehnung oder s-Laut. Hat ein Kind den betonten Vokal und seine Klangqualität erkannt, wird es die Schreibung der Wörter sicher erschließen können.

Best.-Nr. 48325 **€ 14,80**

Themenheft 5: **Dopplung**

Wo und wann müssen doppelte Konsonanten geschrieben werden? Mit dem reinen Abhören der einzelnen Laute eines Wortes kommt man bei dieser Frage nicht weiter, denn zwischen einem einfachen und einem doppelten Konsonanten ist kein akustischer Unterschied erkennbar. Wichtig ist vielmehr das Verständnis für das orthographische Prinzip, dass nur nach einem kurzen betonten Vokal eine Dopplung möglich ist.

Best.-Nr. 48326 **€ 18,80**

Themenheft 6: **S-Laute**

Die Frage, ob s, ss oder ß richtig ist, bringt nicht nur Schüler ins Schwitzen. Das muss nicht sein: Mithilfe weniger Regeln und ein bisschen Üben kann jeder lernen, sich die Schreibung aller Wörter selbst herzuleiten.

Best.-Nr. 48327 **€ 16,80**

Themenheft 7: **Dehnung**

Der Bereich „Dehnung" ist eines der schwierigsten Kapitel der deutschen Rechtschreibung und eine der häufigsten Fehlerquellen in Diktaten. Warum ist in *Sohn* ein h, in *Ton* aber keines? Wieso wird *leer* mit ee geschrieben, der *Lehrer* aber mit h? Was ist ein Silben-h? Mithilfe strukturierter und sinnvoll aufeinander abgestimmter Übungen wird schrittweise das Thema Dehnung für jeden durchschaubar gemacht.

Best.-Nr. 48328 **€ 18,80**

Themenheft 8: **Der lange i-Laut**

Tier, wir, ihr, es zieht – das sind vier verschiedene Schreibweisen für denselben Laut! Wie soll man da als Schüler immer wissen, welcher der richtige ist? Strukturierte Übungen, die auch das „Warum" aufdecken, bringen Übersicht und Ordnung in das vermeintliche Chaos.

Best.-Nr. 48329 **€ 14,80**

Themenheft 9: **Groß-Kleinschreibung**

Groß oder klein? Das ist nicht immer leicht herauszufinden, denn gängige Eselsbrücken wie die Artikelprobe führen leider häufig in die Irre. Auch das Wissen um die einzelnen Wortarten reicht oft nicht aus, um eine eindeutige Entscheidung zu treffen – alle Wortarten können großgeschrieben werden, es kommt nur darauf an, welche Funktion sie im Satz einnehmen.

Best.-Nr. 48330 **€ 18,80**

Fördermappen für die Primarstufe (ab Klasse 2)
Förderung im Klassenverband, in Gruppen oder zuhause

Fördermappen gibt es zu den folgenden Bereichen:

Umlautableitung Fördermappe 1
Mit den fröhlich gestalteten farbigen Übungsblättern lernen die Kinder die Anwendung von „eu“ und „äu“ bzw. „e“ und „ä“. Die Phänomene werden erst getrennt und anschließend gemischt eingeübt und gefestigt, so dass auch rechtschreibschwache Kinder keine Interferenzprobleme haben.
Best.-Nr. 48310 **€ 9,80**

Auslautableitung Fördermappe 2
Die deutsche Auslautverhärtung bereitet Kindern Probleme, weil die Lautunterschiede nicht hörbar sind. Mit diesen Arbeitsblättern lernen sie, wann „d“ oder „t“, „b“ oder „p“ und „g“ oder „k“ geschrieben wird und warum. Sie üben die Lautgruppen zunächst getrennt voneinander und schließlich in gemischten Übungen.
Best.-Nr. 48311 **€ 9,80**

Betonung Fördermappe 3
Die Kenntnis des Betonungsgipfels ist unerlässlich für den Aufbau von Rechtschreibkompetenz. Die Schüler bearbeiten zunächst Aufgaben zur Betonung und anschließend zur Länge und Kürze. Die Regelkunde erklärt, warum es für die richtige Schreibung wichtig ist, die Wortbetonung zu kennen.
Best.-Nr. 48312 **€ 9,80**

Dopplung Fördermappe 4
Im Zusammenhang mit langen und kurzen Vokalen spielt die Konsonantenverdopplung eine wichtige Rolle. Vielfältige Übungen helfen den Kindern, das Prinzip der Dopplung zu verstehen und richtig anzuwenden. Vom Buchstabensalat über Lücken- und Partnerdiktate arbeiten sich die Kinder durch das Thema.
Best.-Nr. 48313 **€ 9,80**

S-Laute Fördermappe 5
Die S-Schreibung ist eine der häufigsten Fehlerquellen – um so wichtiger ist die sorgfältige Übung, die den Kindern mit den differenzierten Arbeitsblättern leicht fällt. Die Regelkunde erläutert das nötige Basiswissen dazu.
Best.-Nr. 48314 **€ 9,80**

Dehnung Fördermappe 6
Dehnungs-h und „ie“ bzw. „ih“ bereiten vielen Kindern Kopfzerbrechen. Mit dieser Fördermappe üben sie die Dehnung und deren Schreibung in äußerst differenzierter und vielfältiger Weise. Der Schwierigkeitsgrad steigt dabei langsam an. Spielerisch wird das erworbene Wissen gefestigt.
Best.-Nr. 48315 **€ 16,80**

Groß- und Kleinschreibung Fördermappe 7
Grammatikwissen und Rechtschreibung gehören eng zusammen. Besonders bei der Groß- und Kleinschreibung müssen Kinder eine gute Kenntnis der Wortarten haben. Diese üben sie hier intensiv, differenziert und mit viel Freude. Vor allem auch wegen der Fülle an tollen Ideen für Kindergeburtstage.
Best.-Nr. 48316 **€ 16,80**

Fördermappen Sammelbände 1+2
alle Fördermappen in zwei Bänden

Mit den beiden Fördermappen-Sammelbänden können Sie im günstigen s/w-Druck den gesamten Regelbereich der Rechtschreibung in den Klassen 2/3 abdecken: Umlautableitung, Auslautableitung, Betonung, S-Laute, Dopplung, Dehnung und Groß-/Kleinschreibung.

Best.-Nr. 48309 **€ 24,80**
(auch einzeln verfügbar)

Verbinden von individueller Förderung mit dem Regelunterricht!
Gut geeignet für LRS-Förderung!

Handbuch zur Rechtschreibförderung

Grundlagen und Förderpraxis – für Lehrer, Eltern, Förderkräfte und Lerntherapeuten

Kenntnisse AUFFRISCHEN, VERTIEFEN, NEU ERWERBEN

Handbuch zur Rechtschreibförderung

Was müssen Lehrer, Förderkräfte oder Eltern wissen, um die **Fehler der Kinder verstehen** zu können und ihnen Schritt für Schritt die Rechtschreibung durchschaubar zu machen? Wie können Kinder individuell und effektiv gefördert werden? Das Handbuch vermittelt einen **kompakten Überblick** über die zentralen Fragen von Diagnose und Förderung.

Unser Förderansatz folgt dem Ziel, Kinder an ihre eigene (oder, im Fall von Kindern mit Migrationshintergrund, neue) Sprache auf eine Weise heranzuführen, die es ihnen erlaubt, mit ihr so souverän umgehen zu können, als ob sie ihre ureigene Erfindung wäre. Das daraus entwickelte förderdiagnostische Modell lautet: **„Rechtschreibung erforschen, verstehen und üben“**.

Im **ersten Teil** des Handbuchs werden die einzelnen Bausteine und didaktischen Prinzipien der Lernserver-Rechtschreibförderung erläutert. Sie erhalten Hinweise und Anregungen für die Umsetzung schulischer und außerschulischer individueller Rechtschreibförderung.

Im **zweiten Teil** können Sie Ihre Kenntnisse zu den verschiedenen Regelbereichen auffrischen, vertiefen oder neu erwerben. Für sämtliche Förderbereiche gibt es praktische Hinweise und Anregungen zur konkreten Gestaltung der jeweiligen Förderstunden. Wortlisten, Vorschläge für Lernspiele und Ideen zum gemeinsamen Erforschen der Sprache runden das Werk ab.

Best.-Nr. 48209 **€ 19,80**

Was Eltern brauchen, um ihr Kind selbst zu fördern

Schritt 1	Schritt 2	Schritt 3
Test & Diagnose der individuellen Rechtschreibfähigkeiten	**Auswertung** Erstellung des Leistungsprofils und eines maßgeschneiderten Förderplans	**Individuelle Fördermaterialien für zuhause** abgestimmte Übungen, Spiele, Erklärungen

Schritt 1: Test und Diagnose

Hierzu richten Sie sich zunächst unter portal.lernserver.de Ihr persönliches Lernserver-Portal ein. Das Elternpaket enthält fünf altersgerechte Testbögen, aus denen Sie einfach den richtigen Test für Ihr Kind auswählen. Ein Beispiel: Teststufe 2/3 ist für Mitte Klasse 2 bis Mitte Klasse 3 geeignet. Den Test (ein Lückendiktat) führen Sie mit Ihrem Kind zuhause durch.

Schritt 2: Auswertung und individuelle Förderung

Sie geben die Testergebnisse Ihres Kindes in Ihr Elternportal ein. Diese werden elektronisch an die Uni Münster übermittelt. Hierbei authentifizieren Sie sich über die Eingabe des Codes, der Ihrem Elternpaket beiliegt.
Nach der computergestützten und durch Förderexperten abgesicherten Auswertung wird ein individueller Förderplan erstellt. Wahlweise können Sie (gegen eine Gebühr) die Testergebnisse auch vom Team des Lernservers eingeben lassen. Dazu senden Sie uns den ausgefüllten Testbogen bitte per Post zu.

Schritt 3: Erstellung der passgenauen Fördermaterialien

Aus unseren mehr als 8.000 fröhlich illustrierten Arbeitsblättern werden punktgenau die Materialien ausgewählt, die Ihrem Kind einen optimalen Lernfortschritt ermöglichen. Die Übungen sorgen für Lernspaß und sind alle mit einem Lösungsblatt versehen. Zahlreiche wertvolle Anregungen helfen Eltern oder Förderkräften, dem Kind die bestmögliche Unterstützung zukommen zu lassen.

Förderung zuhause
Wir stellen Ihnen Diagnoseergebnisse und Arbeitsunterlagen über das Internet in Form von PDF-Dokumenten zur Verfügung (Elternpaket Basis/Download). Auf Wunsch erhalten Sie diese in Form eines individuellen Förderbuchs (Elternpaket Premium). Die Materialien sind in didaktisch sinnvolle Portionen unterteilt und auf einen Förderzeitraum von ca. einem Jahr ausgelegt.

Suchen Sie kompetente und nette Unterstützung für Ihr Kind? Wir helfen Ihnen gerne, in Ihrer Nähe geeignete Förderkräfte oder Lerntherapeuten zu finden! www.lernserver.de/bildungsnetzwerk

Die Lernserver-Schritte: Diagnose und Förderung

Schritt 1 + 2: Test und Diagnose

Mit Bestellung der **Münsteraner Rechtschreibanalyse (MRA)** erhalten Sie für jedes Kind einen Testbogen. Nach Analyse der Fehlschreibungen sind die wichtigsten Ergebnisse in Form eines Leistungsprofils umgehend online als PDF-Dokument abrufbar. Außerdem liefert Ihnen die **Lernserver-Normierung** quantitative und qualitative Aussagen über Leistungsstand und Förderbedarf des Kindes. Die Kennziffern und die Förderempfehlung werden dabei durch **symbolische Ampeln** visualisiert, die einen schnellen Überblick über Leistungsstand und Förderbedarf bieten.

Die Testbögen der Münsteraner Rechtschreibanalyse sind **altersadäquate Lückendiktate** (jetzt auch als Jugendlichenversion erhältlich), die handschriftlich vom Kind ausgefüllt werden. Anschließend werden die Fehlschreibungen der Kinder online über eine bequeme Eingabemaske in das System des Lernservers eingegeben. Die Diagnose der Rechtschreibleistung erfolgt binnen weniger Sekunden.

Hinweis: Sämtliche Fehlschreibungen werden durch Experten analysiert!

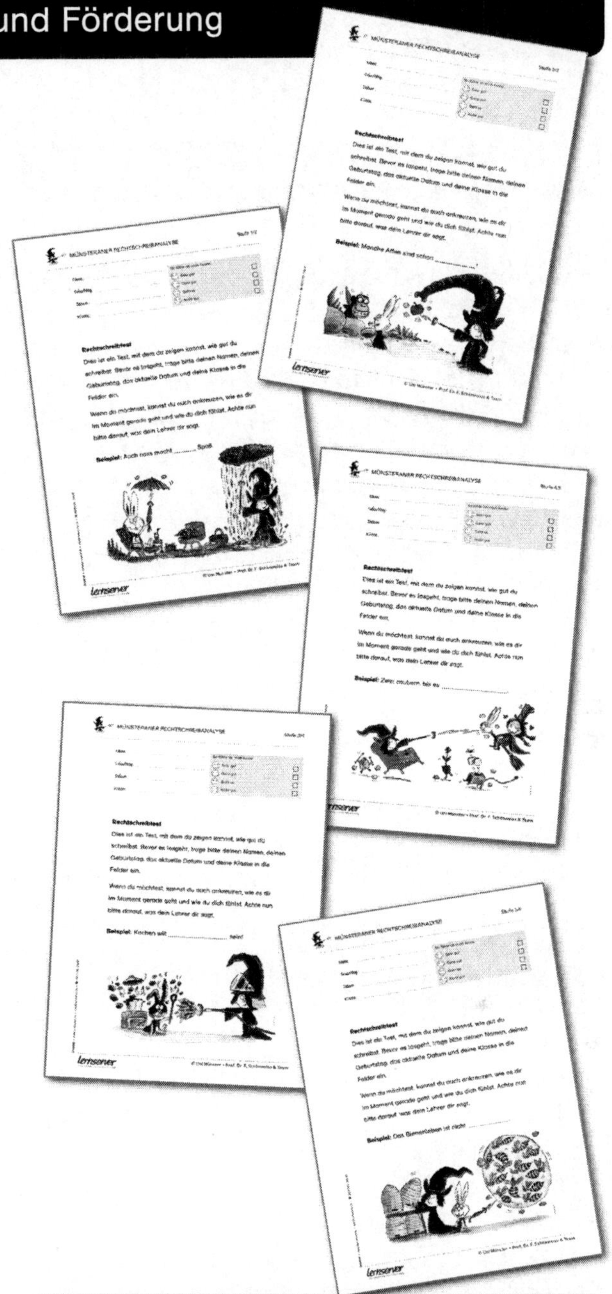

Normiertes Leistungsprofil mit integrierter Ampelfunktion und Förderempfehlungen:

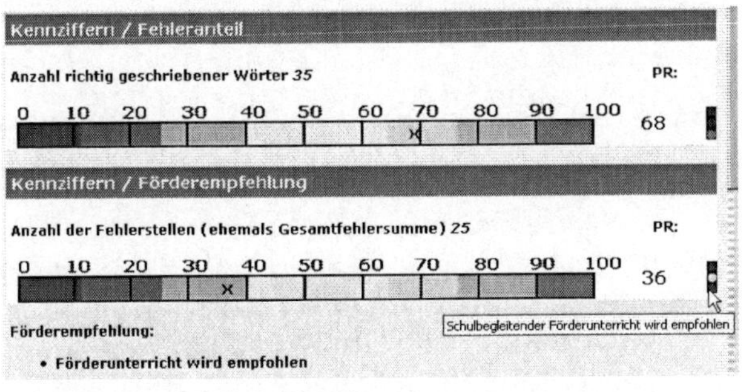

Quelle: http://normierung.lernserver.de

Festpreis für die MRA € 5,00

Als Kooperationsangebot im Rahmen regionaler Förderinitiativen oder der Schulversion und für Lernserver-Partner (Lern-Coach, LRS-Trainer) für nur € 3,50

Rechtschreibtests jetzt auch online durchführbar!

Die Lernserver-Schritte: Diagnose und Förderung

Schritt 3: Die Lernserver-Förderung

Individuelle Förderung

Auf Basis der Diagnose werden für jedes Kind **individuelle Fördermaterialien** in Form von **Arbeitsblättern mit Lösungen, Erklärungen, Fördervorschlägen, Wortlisten, Spielideen, Hör- und Sprechübungen** sowie zahlreichen weiteren Übungsformen zusammengestellt. Im Durchschnitt sind dies je Kind etwa 300 Arbeitsblätter, die für eine Förderung von bis zu einem Jahr ausreichen. Gebündelt in überschaubare Fördereinheiten helfen sie, fehlende Grundlagen zu erarbeiten und die schwierigen Bereiche Schritt für Schritt zu erobern.

Individuelle Förderung
zum Festpreis € 25,00

Als Kooperationsangebot
im Rahmen regionaler Förder-
initiativen oder der Schulversion
und für Lernserver-Partner
(Lern-Coach, LRS-Trainer)
für nur € 12,00

Individuelles Förderbuch
Auf Wunsch erhalten Sie die Materialien der Online-Förderung zusätzlich in ausgedruckter Form.
Kosten pro Exemplar: € 29,90
(zzgl. Versand)

Hinweis: Die Erstellung eines Förderbuches setzt die Buchung einer Online-Förderung voraus!

Gruppenförderung (mit didaktischer Reduktion!)

Nach erfolgter Eingangsdiagnose (z.B. einer Klasse oder der gesamten Stufe) können Sie sich ein differenziertes Bild vom Leistungsstand einer größeren Anzahl von Schülern machen. Die Diagnose-Ergebnisse können nach unterschiedlichen quantitativen und qualitativen Kriterien aufeinander bezogen werden, so dass Sie sinnvolle Fördergruppen von 5-8 Schülern zusammenstellen und auf die Gruppe abgestimmte Fördermaterialien abrufen können.
NEU: Unsere didaktische Reduktion erleichtert Ihnen die Förderung von größeren Gruppen!

Gruppen-Förderung
Die Arbeitsmaterialien für die Fördergruppe können online in Ihrem Portal abgerufen werden.
Kosten pro Gruppe: € 25,00

Hinweis: Bis maximal 30 Schüler pro Gruppen-Förderung. Automatische Zusammenstellung homogener Teilgruppen möglich.

Gruppen-Förderbuch
Auf Wunsch erhalten Sie die Materialien der Online-Förderung zusätzlich in ausgedruckter Form.
Kosten pro Exemplar: € 29,90
(zzgl. Versand)

Hinweis: Die Erstellung eines Gruppen-Förderbuches setzt die Buchung einer Gruppen-Online-Förderung voraus!

Für alle Klassenstufen liegen ab sofort auch B-Tests vor, die entweder als Zwischentest nach frühestens einem halben Jahr Förderung oder zur Evaluation am Ende der Förderung eingesetzt werden können (bis auf Weiteres kostenlos).